JEAN LORRAIN

L'OMBRE ARDENTE

POÉSIES

PARIS
BIBLIOTHÈQUE-CHARPENTIER
EUGÈNE FASQUELLE, ÉDITEUR
11, RUE DE GRENELLE, 11

1897

L'OMBRE ARDENTE

Eugène FASQUELLE, Éditeur, 11, rue de Grenelle, Paris.

OUVRAGES DU MÊME AUTEUR

DANS LA

BIBLIOTHÈQUE-CHARPENTIER

A 3 FR. 50 LE VOLUME

SONGEUSE... 1 vol.
BUVEURS D'AMES (2ᵉ mille)...................... 1 vol.
SENSATIONS ET SOUVENIRS (2ᵉ mille)......... 1 vol.

Sceaux. — Imp. E. Charaire.

JEAN LORRAIN

L'OMBRE
ARDENTE

POÉSIES

PARIS
LIBRAIRIE CHARPENTIER ET FASQUELLE
EUGÈNE FASQUELLE, Éditeur
11, RUE DE GRENELLE, 11

1897

L'OMBRE ARDENTE

I

LA CHIMÈRE

Pour Gustave Moreau.

La Chimère indomptable aux yeux profonds et bleus,
Abîmes rayonnants dans un visage d'homme,
Des lointaines Memphis aux Babels qu'on renomme,
Droite, appuie au Zénith ses quatre pieds en feux.

Son poitrail qui se cabre et ses jarrets nerveux
Emportent par le gouffre, où l'air siffle et s'enflamme,
Lascif et douloureux, un souple corps de femme
Nue, et flottant dans l'ombre entre ses lourds cheveux.

Les crins d'or de la bête et la toison d'aurore
De la femme en extase, embrasant l'air sonore,
Font une aube de gloire au fond du ciel obscur.

Le vertige les tord et, dardant sa prunelle,
Les bras autour du cou du monstre aux yeux d'azur,
S'enfonce dans la nuit la Rêveuse éternelle.

II

LE JEUNE HOMME ET LA MORT

Le long des marbres noirs et des sombres portiques,
Bordant du pâle Hadès les quais silencieux,
L'éphèbe éblouissant et l'espoir dans les yeux
Descend d'un pas léger les trois degrés mystiques.

Fort de la calme foi des calmes temps antiques.
Il sait que chez les morts, séjours mystérieux,
Le héros chaste et nu trouve sous d'autres cieux
Les palmes de la stade et les disques rustiques.

Aussi la mort pour lui fut douce et passagère ;
Et tandis qu'il descend, comme une ombre légère
La déesse fatale au front pur et voilé

Voltige en l'effleurant du souffle de sa robe.
Et, blanche, lui sourit sous son voile enroulé,
Dont un pli virginal et tremblant la dérobe.

III

SOLEIL ÉTEINT

Les récits d'Orient, doux comme des caresses,
Nous montrent appuyés aux rampes de granit
Des temples, leurs bras nus dressés dans l'infini,
Des longs troupeaux rêveurs et voilés de prêtresses.

Des serpents d'Arabie enroulés à leurs tresses,
A l'époque du mois, où la lune jaunit,
Leur douleur en extase implore au ciel Tanit
Et le départ de l'astre augmente leurs détresses.

Prêtresse sans collier et sans voile de gaze,
Ma tristesse incurable est sœur de leur extase.
Car mon âme, elle aussi, pleure un soleil éteint,

Mais moi, les bras tendus entre les hauts pilastres
De mon temple à jamais fermé par le destin,
Moi, je n'assiste pas au bleu réveil des astres.

IV

L'ENFANT NOIR

Pour Gustave Flaubert.

J'étais perdu, j'errais au désert Libyen.
Une lune stagnante allumait l'or du sable.
L'Esprit de la Luxure, au pied reconnaissable,
M'apparut, jeune et beau comme un dieu nubien.

Svelte et nu, sa peau noire avait l'éclat du bronze.
Son œil glauque et verdâtre appuyé sur le mien
Souriait, et très jeune, il semblait très ancien,
Sous la lune immobile et calme comme un bonze.

« J'ai connu Magdeleine et Marthe en Galilée,
Je saigne dans Petrone et ris dans Apulée,
Je suis le souffle ardent des lointains siècles d'or.

Je flotte dans les plis des robes et des chapes,
Je dîne au lit des rois et soupe chez les papes,
Et je vis dans ton cœur et dans d'autres encor. »

V

ANGELICA

Pour Barbey d'Aurevilly.

Debout dans l'aube ardente et rose d'un vitrail,
La Dame de l'enfer entre les lys est peinte
Svelte et pure et les bras croisés, comme une sainte,
Dans une robe austère et droite au lourd camail.

Enchâssée et vivante entre les fleurs d'émail,
Elle attend l'heure obscure, où dans l'église éteinte
Ses bras nus délivrés de leur pieuse étreinte
De son lourd ceinturon briseront le fermail.

Alors ses seins pourprés et son ventre de neige
Ombré d'or, son nombril, où règne un sortilège,
Surgiront du vitrail avec limpidité ;

Et sous son talon rose et nacré, les archanges,
De Gomorrhe éprouvant les voluptés étranges,
Reconnaîtront l'Esprit de la Perversité.

VI

SPORUS

Pour Gustave Flaubert.

Ave, Cæsar, Ave! Le cistre et les crotales
Font rage, et dans le cirque, où des gladiateurs
Râlent, roule, inclinant les faisceaux des licteurs,
L'âpre applaudissement du peuple et des vestales.

Au-dessus de la fête et des clameurs brutales,
De gradins en gradins des chrétiens imposteurs
Brûlent, enduits de poix et frottés de senteurs,
Pendus, flambeaux vivants, aux croix sacerdotales.

Saignante et défaillante au milieu des extases
De la foule, et le front étoilé de topazes,
Sporus impératrice, éphèbe émasculé,

Agonise et, baignant sa bouche avec délices
Dans ses larmes, Néron sourit au mutilé.
La fange a de ces fleurs et Rome a de ces vices.

VII

RÉSURRECTION

Seul, aux heures crépusculaires,
Cœur épris des temps légendaires,
Je vais rôder auprès des flots.

Là, devant l'espace sans borne,
Au pied de la falaise morne,
J'évoque au bruit de mes sanglots

L'essaim blond des Voluptés mortes,
Jadis enivrantes et fortes,
Lys aussitôt fanés qu'éclos.

Pareilles à de mauvais anges,
Les Voluptés, filles étranges,
Surgissent, lentes visions.

La lèvre pâle et les yeux fixes,
Yeux profonds et troublants de nixes,
Le dos moiré de froids rayons,

L'essaim des Voluptés se dresse,
Versant dans leur morne caresse
L'âpre vin des Tentations.

Le reflet du passé les baigne
Et sur leur flanc troué, qui saigne,
Je reconnais mon sang vermeil :

Le sang des jeunes espérances,
Que depuis vingt ans de souffrances
N'a pas étanché leur sommeil,

Sang bleu des gloires éclipsées,
Sang rouge des amours brisées,
Au sang des mutilés pareil.

Tant qu'une lueur d'incendie
Brûle au large, l'ombre hardie
Des voluptés, troupeau vainqueur,

Me torturant au bord du gouffre,
Saigne avec mon sang, pleure et souffre
Avec les larmes de mon cœur.

Mais la calme lune immortelle,
Au ciel plus clair apparaît-elle,
Le groupe implacable et moqueur

Blêmit au bord des lames creuses,
S'enfonce, et les mains douloureuses
Se dissolvent en battant l'air;

Et, sous la lune éblouissante,
Le froid de l'ombre bleuissante
Pénétrant mon âme et ma chair,

Je ramène au cher et vieux gîte,
Mère, où ton cœur aimant s'agite,
Un fils plus triste et moins amer.

•

VIII

RECURRENCE

Enchanteurs et sorciers, Mantegna, Léonard !
Des sourires de femme apparus dans les Louvre
Plus d'un porte une plaie au flanc, qui pleure et s'ouvre
Et lui fait un front blême et le geste hagard.

Ce bleu sombre et profond du ciel dans le regard,
Ces lèvres de Vinci férocement royales,
Ces cheveux roux nimbés de perles et d'opales
Ont fait de ma jeunesse une souffrance d'art.

Désormais obsédé des grâces captivantes
Des Mortes, insensible aux charmes des vivantes,
Mon cœur au seul Passé veut trouver des attraits ;

Et, comme un envoûté des gothiques magies,
En proie aux vains regrets des vaines nostalgies,
Je suis un triste et fol amant d'anciens portraits.

IX

DEVANT UN CRANACH

Sous un grand chaperon de peluche écarlate,
Un clair escoffion brodé de perles rondes
Enserre un front de vierge aux courtes mèches blondes,
Une vierge à la fois féroce et délicate.

Des chaînons ciselés, des colliers, vieux ors mats
Bossués de saphirs et de gemmes sanglantes,
Étreignent un cou mince aux inclinaisons lentes,
Jaillissant comme un lys d'un corset de damas.

La robe est en velours verdâtre à larges manches,
Le corset couleur feu ; les doigts de ses mains blanches
Sont surchargés d'anneaux de verre de Venise ;

Et de cette main longue et comme diaphane
La Judith allemande, enfant naïve, aiguise
Les dents d'un Holopherne égorgé, qui ricane.

X

DEVANT UN FRANTZ HALLS

Dans un corps baleiné, renflé comme un ciboire,
Tout de satins crémeux et d'opaques velours,
C'est une dame étrange aux traits heurtés et courts,
D'une laideur fantasque et rare de grimoire.

En sa jupe espagnole à la fois blanche et noire
Elle a l'air de sourire aux baroques amours
Et montre avec orgueil, entre les tuyaux lourds
De sa fraise, une gorge aux tons de vieil ivoire.

Bouche épaisse et gourmande, œil dévot, air narquois,
Elle rit et d'un geste auguste et fier d'Infante
Elle pince un bouton de rose entre ses doigts.

De sa mine falote, heureuse et triomphante,
Elle rit, se sachant, à défaut de traits droits
Et fins, une laideur en voluptés savante.

XI

D'APRÈS UN JACQUEMIN

C'était un grand bois calme aux troncs baignés d'azur.
Une tête d'angoisse aux yeux d'illuminée
Flamblants et bleus, pensive et de pleurs ravinée,
S'y dressait, fleur de songe, au fond du clair-obscur.

Tête de sainte errante ou de suppliciée...
Une énorme couronne au bois piquant et dur,
La couronne du Christ étreignait ce front pur
Et doux, striait de sang la face extasiée.

Et tandis que les yeux allumés de ferveur
Défaillaient et brûlaient, à la fois fous et vides,
Entre ses pauvres mains de bleurs chardons rigides

S'écrasaient sur sa robe à la place du cœur.
Oh! ces yeux suppliants, enivrés et livides,
De femme au front saignant d'épines, ô Douleur!

XII

AVEU

O grands ciels d'outre-mer dont je suis idolâtre,
Horizons du Vinci, lacs ombragés de pins,
Pics ardus et neigeux des tableaux florentins,
Dont un beau Christ éphèbique et pensif est le pâtre.

O mornes Piétas aux mains de vieil albâtre,
Dont le navrant sourire et le regard lointain,
Lointain comme un amour au fond d'un rêve éteint,
Souffrent dans l'ombre en pleurs d'une grotte bleuâtre !

Mon cœur avide et froid de blasé maladif
Veut, épuisé de doute et de lutte fiévreuse,
Reposer près de vous entre le pin et l'if

Et, dans la sombre ardeur d'un siècle primitif,
Comme on vient s'enivrer d'odeurs de tubéreuse,
Veut boire à votre Foi mystique et douloureuse.

XIII

RELENT D'AMOUR

Beauté tragique et vénéneuse,
Genèvre, ô pâle empoisonneuse
Dont les refus lents et savants

M'ont appris l'amère ironie
Des vains désirs à l'agonie
De l'amour même survivants,

Je hais et maudis ta mémoire,
Coupe d'or où ne veut plus boire
Mon cœur las, altéré d'oubli.

Déjà lointaine comme un songe,
Tu n'étais plus qu'un vain mensonge
Dans mon sépulcre enseveli...

Quand voilà qu'une bagatelle,
Le frêle éventail de dentelle
Dans mes mains tombé par hasard,

M'emplit de ton odeur aimée,
Relent de ta chair embaumée,
Parfum de benjoin et de fard...

Et soudain tiré de l'abîme,
Pareil à l'antique victime
Engraissée aux caveaux sacrés,

Comme une bête qu'on égorge,
Je reviens en tendant la gorge,
Pleurer sur tes pieds adorés.

XIV

O SOURCE D'ANGOISSE ÉTERNELLE

O source d'angoisse éternelle,
Brune implacable et solennelle
Dont la froide placidité

Triomphe, resplendit et tue,
Comme un pied d'aveugle statue
Appuyé dans l'éternité,

J'adore et maudis ta beauté.

Ta beauté cruelle est ma gloire,
Lys lumineux de l'ombre noire,
Où j'attendais enseveli ;

Tu m'as fait vivre dans un songe
Et ta bouche habile au mensonge
M'a versé le calme et l'oubli.

O source d'angoisse éternelle,
Brune implacable et solennelle
Dont la froide placidité

Triomphe, resplendit et tue,
Comme un pied d'aveugle statue
Appuyé dans l'éternité,

J'adore et maudis ta beauté.

Les refus de ta bouche amère
M'ont appris l'erreur éphémère,
De l'amour et des faux serments,

Et guéri des maux de la vie,
J'ai trempé ma lèvre assouvie
Au vin des désenchantements.

O source d'angoisse éternelle,
Brune implacable et solennelle,
Dont la froide placidité

Triomphe, resplendit et tue,
Comme un pied d'aveugle statue
Appuyé dans l'éternité,

J'adore et bénis ta beauté.

XV

FRÉDÉGONDE

Pour Leconte de L'isle.

Haineuse et droite au seuil de la chambre de noces,
Où l'on vient d'étrangler la fille du roi Goth,
La serve Frédégonde apparaît le front haut.
Les dogues du palais lèchent ses doigts féroces.

A l'horizon, des croix, des mitres et des crosses
Se dressent : des prélats précédés d'un héraut
S'avancent et la Serve au nom de Brunehaut
A tressailli du froid des voluptés atroces.

Au fond du ciel complice et rougeâtre, où suinte,
A l'aurore mêlé, le sang de Galeswinthe,
La servante entrevoit, cœur ivre d'attentat,

Des meurtres triomphants et nouveaux, Prétextat,
Mérovée, Audovère et la reine Burgonde
Livrée, aïeule et vieille, au fils de Frédégonde.

XVI

HÉRODIAS

Pour Gustave Flaubert.

Reine des temps maudits, lys damné d'Israël,
Juive aux instincts de louve, ensorceleuse d'hommes,
Fleur de luxure éclose au cœur des vieilles Romes,
J'adore ton front bas et lâchement cruel.

La révolte du crime et la haine du ciel
Vivent dans tes yeux clairs et ta bouche qui saigne
Et, debout dans la pourpre errante qui te baigne,
Tu souris au trépas des mornes Ezéchiel,

Ta royale infamie est ton nimbe; et l'artiste,
Dans ta haine englobant le prophète âpre et triste
Qui blasphème ta gloire, ô femme d'Antipas,

Évoquera toujours la froide Hérodias
Faisant en lourds rubis sur le plat d'améthyste
Luire, poindre et perler le sang de Jean-Baptiste.

XVII

KIMDRY

Au-dessus du trépied, où le philtre magique
Bout, écume et sanglote à la voix de Klingsor,
Tournoyante en spirale et le front cerclé d'or,
Fleur du gouffre, apparaît une femme tragique.

Les pieds errants dans l'ombre, elle flotte, elle dort,
Un bleu linceul étreint sa beauté léthargique
Et des siècles croulés le regret nostalgique
Nage dans son œil morne et son sourire mort.

De la femme d'Hérode apparence charnelle.
Maudite par Jésus et vouée à jamais
Au Mal, vengeur hideux, qui la tient dans ses rets,

Elle est le Repentir de la Faute éternelle,
La damnée aspirant aux fraîcheurs de la paix
Et rivée aux désirs d'une chair criminelle.

XVIII

LA COUPE

Le vin est bu, la coupe est vide.
Mon âme de mensonge avide
A noyé scrupule et remords.

La coupe était-elle de cuivre,
D'onyx ou d'or fin?... Je suis ivre
Et tous mes vains regrets sont morts;

Emplissez la coupe à pleins bords.

Ton idole est cruelle et tue.
— Qu'importe, j'aime sa statue,
Et son front incrusté d'émail.

— Tu hais Notre-Dame et les saintes
Et tu souris aux vitres peintes.
— J'aime les saintes de vitrail.

Le vin est bu, la coupe est vide,
Mon âme de mensonge avide
A noyé scrupule et remords.

La coupe était-elle de cuivre,
D'onyx ou d'or fin ? Je suis ivre
Et tous mes vains regrets sont morts ;

Emplissez la coupe à pleins bords.

Laisse en paix fleurir ma chimère !
Si mon bonheur, œuvre éphémère,
Ne doit, hélas ! durer qu'un jour.

Laisse-moi rêver, misérable,
Que mon vain amour est durable,
Puisque je vis de mon amour !

Le vin est bu, la coupe est vide,
Mon âme de mensonge avide,
A noyé scrupule et remords.

La coupe était-elle de cuivre,
D'onyx ou d'or fin ? Je suis ivre
Et tous mes vains regrets sont morts.

Emplissez la coupe à pleins bords.

XIX

LES ERRANTS

« Sombres Exaspérés, Buveurs d'illusions,
« Chasseurs exténués d'énervantes chimères,
« Où courez-vous ainsi, fils maudits par vos mères,
« Avec de noirs caillots de sang sur vos haillons ? »

Et dans la morne steppe, en proie aux Visions,
La bande des proscrits aux traits patibulaires
Répondit, désignant les cieux crépusculaires :
« Nous allons tout là-bas, vers les derniers rayons !

— Où courez-vous ainsi, pâles vierges meurtries,
« Fixant un rêve absent de vos yeux agrandis,
« Et vous, vous qui semblez des cadavres verdis,
« Femmes aux pieds saignants, aux mamelles taries,

« Où courez-vous en bande à la chute du jour
« Par cette lande inculte et ces herbes flétries ? »
Et le troupeau muet des femmes amaigries
Me répondit en chœur : « Nous allons vers l'Amour ! »

Sur leurs pas, engloutis dans l'ombre des calices
Et des frocs, orteils nus, avec des yeux ardents
Sous la cagoule obscure et la prière aux dents,
Sur le rythme âpre et lourd des marches aux supplices,

S'avançait un troupeau de moines flagellants :
« Vous qui dans la souffrance avez mis vos délices,
« Qui méprisez l'Amour et damnez les calices
« Des fleurs et les baisers des femmes aux seins blancs !

« Que faites-vous ici dans la déroute humaine,
« Moines qui dédaignez le vin, la chair et l'or,
« Sur les pas des proscrits et dans l'air tiède encor
« Du passage amoureux des femmes, votre haine ?

« Dans les touffes d'ajoncs battus du vent du Nord,
« Que faites-vous ici, loin de votre cellule ? »
Et les moines debout dans le froid crépuscule
Répondirent en chœur : « Nous allons vers la Mort. »

Au milieu de leurs rangs trois femmes en étoles
Portaient un crucifix d'argent voilé de noir,
Et chacune agitait dans l'ombre un encensoir
Et chacune égrenait de mystiques paroles.

Leur cortège passa : Je le vis se mouvoir
Et serpenter longtemps parmi les herbes folles,
Mais leurs fronts décharnés n'avaient pas d'auréoles
Et leur Christ argenté n'éclairait pas le soir !

XX

LE LYS NOIR

Parmi les tombeaux froids et blêmes,
L'œil alangui d'adieux suprêmes,
S'exhale et tourbillonne en l'air,
Douloureuse et vague fumée
Du sépulcre humide exhumée,
Le spectre imploré qui m'est cher.

Sous le bleuâtre clair de lune,
Laissant couler dans la nuit brune
Ses larges pleurs en rayon clair,
La morte, funèbre endormie,
M'a dit de sa lèvre blêmie
Où perlait aux deux coins un ver :

« Une légende ardente et sombre
Veut que des sépulcres pleins d'ombre,
Où gisent les défunts amours,

Des fleurs sanglantes et vermeilles
Jaillissent à minuit, pareilles
Au rouge espoir des anciens jours.

« Que viens-tu chercher sur ma tombe ?
La larme du regret qui tombe
Lentement de ton œil tari
M'éveille et m'obsède, et je songe
Qu'à la place où le ver me ronge
Un amour coupable a fleuri.

« Tes baisers savants m'ont damnée,
Et de chauds désirs profanée
Ta chair a consumé ma chair.
O poète ! O fils d'Aphrodite !
Prêtre d'Eros, tu m'as maudite
Et je suis dame de l'Enfer.

« Sous ton baiser d'abîme avide
Mon cœur est mort, la tombe est vide,
Et la fleur n'y croîtra jamais.
Dans la Géhenne ensevelie,
J'expie à jamais ma folie
Et tes volontés que j'aimais.

« Mes hanches, le soufre les baigne,
Clarté maudite. Mon front saigne,
Sous tes étreintes entr'ouvert,
Et dans l'éternel crépuscule
Chacun de tes baisers me brûle
Devenu pour ma peine un ver.

« Adieu ! » Disparaissante opale,
La morte a dit. Dans le ciel pâle,
L'aube se levait lentement.
Depuis sur la tombe entr'ouverte
J'attends, la face au ciel offerte,
L'heure exquise du châtiment.

XXI

VISIONNAIRE

C'était au fond d'un rêve obsédant de regrets.
J'errais seul au milieu d'un pays insalubre.
Disque énorme, une lune éclatante et lugubre
Émergeait à demi des herbes d'un marais.

Et j'arrivais ainsi dans un bois de cyprès,
Où des coups de maillet attristaient le silence ;
Et l'air était avare et plein de violence,
Comme autour d'un billot dont on fait les apprêts.

Un bruit humide et mat de chair et d'os qu'on froisse,
Des propos qu'on étouffe, et puis dans l'air muet
Un râle exténué, qui défaille et se tait,
Y faisaient l'heure atroce et suante d'angoisse !

Une affre d'agonie autour de moi tombait.
J'avançai hardiment entre les herbes sèches,
Et je vis une fosse et, les pieds sur leurs bêches,
Deux aides de bourreau, qui dressaient un gibet.

Les deux bras de la croix étaient encore à terre;
Des ronces la cachaient : devant elle à genoux
Trois hommes, trois bandits à visage de loups
Achevaient d'y clouer un être de mystère,

Un être enseveli sous de longs cheveux roux
Tout grumelés de pourpre, et dont les cuisses nues,
Entre cet or humide et vivant apparues,
Brillaient d'un pâle éclat d'étoile triste et doux.

Au-dessus des cyprès la lune énorme et rouge
Éclaira tout à coup la face des bourreaux
Et le Crucifié, dont les blancs pectoraux
Devinrent les seins droits et pourprés d'une gouge!

Et, les paumes des mains saignantes, et deux trous
Dans la chair des pieds nus se crispant d'épouvante,
Je vis qu'ils torturaient une Vierge vivante,
Contre la croix pâmée avec des grands yeux fous.

Les hommes, l'œil sournois allumé de luxures
Devant ce corps de femme à la blême splendeur,
Dont l'atroce agonie aiguisait l'impudeur,
Prolongeaient savamment la lenteur des tortures.

Et dans ces bourreaux, sûrs de l'impunité,
Raffinant la souffrance et creusant le supplice,
Je reconnus la Peur, la Force et la Justice,
Torturant à jamais la blême Humanité.

XXII

LA TOMBE JOYEUSE

Préparez la tombe joyeuse,
Car sous l'érable et sous l'yeuse,
Dans mon amour je veux dormir.

Pareil au sloughi de l'émir,
Sous un vol errant de colombes
Agonisant au champ des tombes,

Mon maître est mort, je veux mourir !

Mon maître était l'amour sublime,
Que dans ses yeux, troublant abîme,
Je bois depuis mes dix-huit ans !

Dix-huit ans ! Depuis l'asphodèle
A fleuri neuf fois et, fidèle,
Mon cœur a fleuri neuf printemps.

Préparez la tombe joyeuse,
Car sous l'érable et sous l'yeuse,
Dans mon amour je veux dormir.

Pareil au sloughi de l'émir,
Sous un vol errant de colombes
Agonisant au champ des tombes,

Mon maître est mort, je veux mourir.

La désespérance et le doute,
Le doute amer ont goutte à goutte
Vidé ce cœur d'enfant-aïeul.

La fleur une fois desséchée,
De sa blême tige arrachée
J'ai tissé galment un linceul.

Préparez la tombe joyeuse,
Car, sous l'érable et sous l'yeuse,
Dans mon amour je veux dormir.

Pareil au sloughi de l'émir,
Sous un vol errant de colombes
Agonisant au champ des tombes,

Mon maître est mort, je vais mourir.

XXIII

DEA SILENS

> « Sois charmante et tais-toi. »
> BEAUDELAIRE.

C'est une Dame étrange et sombre en bronze vert,
Dans sa lividité comme décomposée,
Et gardant sur le socle, où sa tête est posée,
L'effroi d'un grand œil blême, aveugle et large ouvert.

Parmi les bouquets blancs, encor lourds de rosée,
Elle vit, noire idole, et sous le double éclair
Des prunelles d'argent et des lèvres d'or clair,
Semble une reine morte en public exposée.

Aussi, malade épris du mutisme outrageant
De ce bronze, amoureux de sa morne insolence,
Je l'ai coiffé de gaze et de toile d'argent.

Et, déifiant mon rêve éclos d'un vœu méchant,
J'adore avec bonheur la Dame du Silence
Dans ce spectre attifé, d'un vieux buste émergeant.

XXIV

L'ENCENSOIR

Pour Barbey d'Aurevilly.

Au pied d'un Christ énorme à la plaie obsédante
Et rouge, idole peinte au front drapé de noir,
L'encensoir exhalait, comme un mystique espoir,
Sa fumée en spirale et sa prière ardente.

Et voici qu'une voix bêla, grêle et stridente,
Et, sous la croix sinistre étant venu m'asseoir,
Je vis que cette voix sortait de l'encensoir
Dont elle était le râle et comme l'âpre andante.

Et l'Encensoir râlait : « Si je brûle et j'expie,
La faute en est à toi, Dieu menteur, Christ impie,
Qui d'un stérile espoir as consumé ma chair.

Et puis, te refusant à mes désirs de braise,
M'a jeté, cœur en cendre, à la morne fournaise
Où ton Ciel sans amour souffre, éternel enfer. »

XXV

LA MADONE

Pour Catulle Mendès.

La Madone espagnole est haineuse et mauvaise.
Effroi de l'hérétique et chère au torero,
Elle a pour l'estrapade et les jeux de taureau
L'âpre et féroce amour d'une fille Malaise.

Reine d'auto-da-fé, sa chapelle est fournaise :
Couronne de clinquant au front, étroit fourreau
De satin jaune au corps ; auprès un brasero
Rouge, et des grenadiers aux larges fleurs de braise

Et l'encens et les fleurs dans l'ombre illuminée
Empoisonnent ; l'autel, où, flamboyant décor,
Les cierges allumés font autant de points d'or,

Terrifie ; et, de craie et d'ocre enluminée,
La Madone sourit aux vœux du Picador
De son rire effrayant de femme assassinée.

XXVI

ILS ONT DIT EN VOYANT MA TOMBE

Ils ont dit, en voyant ma tombe :
« Lâche et fou le soldat qui tombe,
Qui, pouvant aimer et souffrir,

Combattre et grandir dans la lutte,
Au premier roc, où son pied butte,
S'affaisse à terre pour mourir. »

Moi, j'ai dit : « Laissez-moi fleurir. »

Du cœur vide et las d'espérance
Laissez la haine et la souffrance
Pourrir dans la nuit du tombeau,

Et dans le calme et la rosée
Qui sait si la sève épuisée
Ne jaillira pas de nouveau !

Ils ont dit en voyant ma tombe :
« Lâche et fou le soldat qui tombe
Qui, pouvant aimer et souffrir,

Combattre et grandir dans la lutte,
Au premier roc, où son pied butte,
S'affaisse à terre pour mourir. »

Moi j'ai dit : « Laissez-moi fleurir ! »

Imprégné du sang des chimères
Et du sel des larmes amères,
Mon cœur est plein d'un âpre engrais,

Et l'heure est proche, où de mon être
Anéanti je vais renaître,
Solide et fort comme un cyprès.

Ils ont dit en voyant ma tombe
« Lâche et fou le soldat qui tombe :
Qui, pouvant aimer et souffrir,

Combattre et grandir dans la lutte
Au premier roc, où son pied butte,
S'affaisse à terre pour mourir. »

Moi j'ai dit : « Laissez-moi fleurir. »

XXVII

JOURS DE FÊTE

I

A une morte.

Pour votre pauvre cœur qu'on froisse
En lui rappelant le passé,
Un bouquet calmant et glacé
De lys tigrés d'or et d'angoisse,

Des anémones, des canna,
Des grands feuillages verts et sombres,
Qui versent l'oubli dans leurs ombres
A la place où la chair saigna,

Et si la peine qu'elle endure
Peut aux caresses s'apaiser,
Penchez le front sur leur verdure...,
L'absent y vit dans un baiser.

II

A une autre morte.

Des cyprès et des tubéreuses,
Des lys aux pâleurs de linceul,
Senteurs lourdes et douloureuses,
Fleurs de banni morose et seul ;

Mon triste cœur n'en veut pas d'autre,
Épris qu'il est du rêve amer
Où son lent désespoir se vautre
Morne et profond comme la mer.

Je n'irai donc pas à la fête
Porter mes tristes fleurs de deuil,
Mes fleurs maudites de poète
Rebuté chaque jour au seuil

Et restant debout à la porte,
Prêtre exilé du Paradis,
J'évoquerai dans ma foi morte
Les fêtes en fleurs de jadis.

III

A une vivante.

Quant à toi, maîtresse exécrable,
Toi qui m'as fait ce que je suis,
Un homme infâme et misérable,
Pourvu de vices et de nuits,

Une gerbe en fleurs de ciguë,
De jusquiasme et de poison
A la feuille acérée, aiguë
Comme ta froide trahison...,

Un bouquet, où tes dents de louve
Usent enfin leur dur émail,
Leur dur émail où je retrouve
Tout mon sang perlant en corail.

Et quand enfin gonflée, hideuse,
Tu râleras, les seins pendants,
Verte, la gerbe monstrueuse
Et vengeresse encore aux dents,

Alors sur ta chair trépassée,
Exempte enfin de tout soupçon,
Les dents sur ta bouche glacée,
Je reboirai tout le poison.

XXVIII

SUR UN PORTRAIT

I

D'après la Primavera de Sandro Botticelli.

Au fond d'un vieux palais toscan enseveli,
C'est un portrait sinistre à force d'être étrange,
Tête idéale et folle aux yeux de mauvais ange,
Visage ovale et fin d'adolescent pâli,

Le cou frêle et trop long penche, comme affaibli,
Sous le poids du front haut, mi-voilé d'une frange
De raides cheveux longs d'un blond roux, presque orange,
Et semés d'iris bleus, signés Botticelli.

La tête douloureuse, ardente et maladive,
A dans le morne attrait de sa grâce native
Le charme d'une vierge et d'un garçon pervers.

Favori de prélat ou savante Ophélie,
Son énigme est souffrance, entraînement, folie
Et comme un philtre noir coule dans ses yeux verts.

II

La gravure en ornait le texte d'un vieux livre,
Un volume de vers oubliés aujourd'hui...
Et souriant en tête au lecteur ébloui,
L'inquiétant visage invitait à poursiuvre.

Une promesse étrange et rare semblait vivre
Dans la bouche, attirante et douce comme un oui.
La Joconde, astre noir d'un siècle évanoui,
A ce rire ambigu dont le mystère enivre.

Sans ce rire ironique et tendre aux plis amers
J'aurais fermé le livre ou j'aurais lu les vers,
Car le pouce indolent aurait tourné la page.

Mais du morne sourire ayant bu le breuvage,
Je restais là, charmé, les deux yeux grands ouverts,
Des siècles révolus acceptant l'esclavage...

III

Et là, pris d'une angoisse, admirant en détail
Et la tête en clarté sur le lacis des branches,
Et le nimbe étoilé d'iris et de pervenches
Ceignant ce front souffrant d'une aube de vitrail,

J'évoquais hors des temps un vieux pape en camail,
Au fond d'un oratoire adorant les mains blanches
D'un être énigmatique et nu, frêle et sans hanches,
Debout près d'un chien noir au lourd collier d'émail.

Foscari de Florence ou svelte Marosie,
Mignon au Vatican ressuscitant l'Asie,
Courtisane en étole, éphèbe vénéneux

Après la rouge orgie, ayant la fantaisie
D'être immortalisés, le favori haineux
Sous les traits du Printemps, la gouge en Poésie...

IV

C'était l'ordre aussitôt émané du palais
Intimant à Sandro, le vieux maître en peinture,
D'apporter ses pinceaux chez cette créature,
La chapelle Sixtine en fleurs, les chevalets

Dressés dans la Tribune et dans l'investiture
De leurs pouvoirs sacrés, les prélats, ces valets,
Frottant leur pèlerine et leurs bas violets

A l'estrade, où sourit l'idole hors nature...,

Les rouges cardinaux le long de l'escalier
Discourant en latin et la traîne écarlate
De leur robe en reflets sur les pavés d'agate;

La salle haute, immense et, prêtre humilié,
Le Saint-Père à genoux disposant en collier
Lys, iris et bleuets sur l'être à gorge plate.

V

C'était là le passé de crime et de folie
Qu'évoquait à mes yeux ton sourire mauvais,
Et, ce que je songeais tout bas, tu le savais,
Douteux adolescent, énigme d'Italie.

O périlleux miroir d'une époque abolie !
Je ne sais d'où tu viens et tu sais où je vais ;
Car depuis, chaque nuit, je vois à mes chevets
Ton sourire irritant de perverse Ophélie...

En tête d'un volume oublié d'anciens vers
C'est un portrait sinistre à force d'être étrange,
Tête idéale et folle aux yeux de mauvais ange,

Front blanc de courtisane et d'éphèbe pervers,
Aux raides cheveux longs d'un blond roux, presque orange
Et comme un philtre noir coule dans ses yeux verts...

XXIX

ÉLÉVATION

Fidèle à ma morne habitude,
Dans l'âpre et fauve solitude
De sable et de granits amers,

Hier, au pied de la falaise,
J'errais sous un soleil de braise
Saignant à l'horizon des mers.

J'attendais l'heure où, formes lentes,
L'essaim des Voluptés sanglantes
Surgit pour moi du fond des airs ;

Et déjà par lourdes spirales
Avec des soupirs et des râles
Le groupe évoqué par mes vœux

Se détachait, blême et tragique,
Au-dessus du cercle magique
Empli de plaintes et d'aveux.

Quand te voyant, rouge épouvante,
Parmi ces mortes, toi vivante,
Je sentis frémir mes cheveux.

Froide et les chairs décolorées
Parmi les ombres implorées
C'était bien toi. Tes grands yeux morts,

Emplis d'une angoisse éternelle,
Appuyaient sur moi leur prunelle
Obsédante comme un remords.

Un spasme entr'ouvrait tes dents froides
Et tordait, gonflant tes seins roides,
Comme un cep ardent ton beau corps.

Du fond de l'abîme arrachée,
Ombre farouche effarouchée,
Tu grondais et râlais tout bas

Des plaintes sourdes, des reproches
Sourds comme un écho dans les roches,
Bas comme un bruit lointain de pas !

Parmi les tortures poignantes
Des mornes Voluptés saignantes
Toi, pourtant, tu ne saignais pas !

5.

L'OMBRE ARDENTE

Ta chair exempte de blessures,
Ta chair où les chaudes morsures
N'ont jamais appuyé leurs dents,

Fleurissait, intacte et livide,
Et les pieds crispés dans le vide,
Tu râlais sous les cieux ardents !

Et je compris, ô misérable,
Que la plaie atroce et durable
Est celle qui saigne en dedans ;

Que la plaie étalée est lâche,
Mais que la blessure qu'on cache,
Comme un sinistre et sombre enfant,

La douleur qui creuse la joue,
Que l'œil hautain jamais n'avoue
Et dont on meurt en étouffant,

Que celle-là seule est la vraie
Et que l'autre est la folle ivraie,
Auprès de l'épi triomphant !

XXX

LA NUIT

Portant dans ses bras nus ses deux enfants jumeaux,
Le Sommeil et la Mort, la Nuit pensive et douce
D'un vol auguste et calme, égal et sans secousse,
Glisse au-dessus des monts, des mers et des hameaux.

Sous ses longs voiles noirs étincelants d'émaux
Elle allaite ses fils, et de sa toison rousse,
Astre au cieux, d'un torrent d'étoiles éclabousse
L'ombre, où son lait tombé verse l'oubli des maux.

Et des bleues oasis, où sont les caravanes,
Aux balustres des tours, où perchent les cabanes
Des guetteurs, muezzins des froids climats du Nord,

Le vieux monde, hanté d'un peuple d'ombres vagues,
Comme un guerrier d'Homère au bercement des vagues
Sous les pas de la Nuit se détend et s'endort.

XXXI

NARCISSUS

Ni les douces langueurs des flûtes et des lyres,
Ni les parfums mourants des vagues encensoirs
En cadence envolés dans le calme des soirs,
Ni les bras frais et nus ni les savants sourires

Ne peuvent rallumer le feu des vains espoirs
En mon cœur et, lassé d'amours et de délires
Factices, blond éphèbe effroi des hétaïres
Jalouses, j'ai posé mon front dans les lys noirs.

Et les lys vénéneux, fleurs d'ombre et de ténèbres,
Sur ma tempe entr'ouvrant leurs calices funèbres,
M'ont appris mon infâme et chaste déshonneur;

Et, descendu vivant dans l'horreur de mon être,
J'ai savouré l'étrange et suave bonheur
De pouvoir me haïr, ayant pu me connaître.

XXXII

LILITHE

Au-dessus des pics noirs et des rouges abîmes,
Fantôme errant et blême exhalé par l'enfer,
Une femme, l'œil vide et le profil amer,
Les pieds raidis et froids, va rôdant par les cimes.

Calme, attentive au râle étranglé des victimes,
Au fond du gouffre en feu roulant comme une mer,
Elle incline son crâne, où saigne un clou de fer,
Et vers les mornes ciels dressant ses bras sublimes :

« Dieu, je bénis mon crime et ma stérilité,
Moi qui, prédestinée à peupler la Géhenne
Du sang de mon amour et des feux de ta haine,

Ai préféré Satan à cette impiété !
Je n'ai damné que moi, moi, la femme maudite,
Eve a damné ses fils, l'Homme absoudra Lilithe ! »

XXXIII

L'HESPÉRIDE

Dans l'île fée, au pied de l'arbre aux pommes d'or
Où gronde en sommeillant le dragon léthargique,
Le bouclier au coude et le casque magique
Aux tempes, l'Hespéride aux longs crins veille encor

Au-dessus des dieux grecs engloutis dans la mort,
Suprême legs offert au regret nostalgique
Des âmes, le beau groupe impassible et tragique
Surnage hors du gouffre, où l'Olympe s'endort.

Et, charmante, entrevue, auguste et solennelle,
Debout, la lance au poing, dans la lividité
Des horizons des mers et leur brume éternelle,

L'Hespéride apparaît comme la sentinelle
De nos songes de gloire et du monde enchanté,
Que son grand casque d'or abrite de son aile.

XXXIV

SAPHO

O grande inconsolée, esclave d'une lyre
Divinement savante et triste et chère au chœur
Des souffrantes, pleurant l'infini de leur cœur,
Je meurs de ton amour et vis de ton délire.

Dans tes yeux attirants et glauques j'ai su lire
Et ton mal incurable et le défi moqueur
De ton orgueil aux dieux, les dieux dont la rigueur
N'a pu ployer ton front, chaude et mâle hétaïre !

Comme un grand oiseau blanc dans le ciel entr'ouvert,
Ton beau corps dans sa chute, hommage au gouffre offert,
A d'une aube éternelle illuminé Leucade.

Ton cadavre et ton rêve en ont fleuri la rade,
Et j'ai compris ton crime, ô captive, ô malade,
Car l'âme se délivre où notre chair se perd !

XXXV

LA DESTINÉE

Pour Gustave Moreau.

C'était au pied creusé d'une haute falaise
De bloc pâle, où saignaient, lavés par l'eau de mer,
Des longs coraux de pourpre et des roses de chair.
A l'horizon sinistre ardait un ciel de braise.

Apre lieu. Pas un cri, pas un oiseau dans l'air ;
Un éternel couchant au loin sur le flot rouge
Et sur le sable, au pied du roc où rien ne bouge,
Les roses de sel gemme et de corail amer.

Portant entre ses bras une tête coupée,
Une forme bleuâtre et d'ombre enveloppée
Surgit, flotte et m'aborde auprès des flots sanglants.

Morne offrande, elle pose entre mes doigts tremblants
La tête humide encor du baiser de l'épée,
Et c'est moi que je trouve au fond de ses yeux blancs.

L'OMBRE BLEUE

L'ÉTANG MORT

Comme un lointain étang baigné de clair de lune,
Le passé m'apparaît dans l'ombre de l'oubli.
Mon âme, entre les joncs, cadavre enseveli,
S'y corrompt lentement dans l'eau jaunâtre et brune.

Les croyances d'antan s'effeuillent une à une,
Tandis qu'à l'horizon suavement pâli,
Un vague appel de cor, un murmure affaibli
Fait vibrer le silence endormi sur la dune.

O blême vision, étang crépusculaire,
Songe en paix. Pleure en vain, olifant légendaire,
O nostalgique écho des étés révolus !

Un trou saignant au front, les Espérances fées
De longs glaïeuls flétris et de lys morts coiffées,
Au son charmeur du cor ne s'éveilleront plus.

LE PAYS DES FÉES

> A la fin de l'été, j'envole sur le dos de la chauve-souris gaîment.
> *Songe d'une nuit d'été.* — SHAKESPEARE.

LE PAYS DES FÉES

A Léon Cladel.

Nissa, Myrto, Lydé, Philodocé, Néére...
De cépée en cépée un appel de voix claire
Sonne, et de combe en combe un bruit de pas divins

S'éloigne, un rai d'étoile argente la broussaille,
Des blancheurs d'aubépine enneigent les ravins
Et l'air ricane, empli des cris vagues et vains
Des fleurs, qu'un vent rôdeur et fou baise et chamaille.

Reines au temps d'Arthus et dryades jadis,
Oriane, Uelda, des noms charmants de fées
Triomphants comme un bruit de robes étoffées
Qu'on froisse, ont lui dans l'ombre, et les tertres verdis

Sont encore effleurés, comme au temps d'Amadis,
Par le groupe adoré des princesses tragiques
Et la lune à leurs pieds trace des ronds magiques.

DIANE

Pour Théodore de Banville.

lune est claire au ciel, et, de neige pâlie,
chaîne à l'horizon des monts de Thessalie
ille dans l'air muet : la chasse est loin encor.

us sa veste brodée errant de roche en roche,
 pâtre grec, épris des souvenirs d'Athor,
 vain cherche à surprendre un vague appel de cor.
s dieux, qu'il a trahis, évitent son approche.

ane a déserté les bois de Cythéron
 sur sa trace ont fui les nymphes et l'émeute
s trompes et des cerfs éventrés par la meute...
le a cédé l'Hellade au nain vert d'Obéron ;

 les monts de Judée et le torrent Cédron
ient, les vendredis saints, hurlante, échevelée,
sser la meute en feu de la grande exilée.

HÉRODIADE

Pour Théodore de Banville.

Au fauve appel des cors, au bruit rageur des cistres
La grande Hérodiade et ses nymphes sinistres
Sur des balais fourbus chevauchent en plein ciel.

Des démons accrochés aux crins de leurs cavales,
Elles vont, ventre à terre, au-dessus d'Israël,
Et la haine implacable, éclair froid et cruel,
Luit dans leurs grands yeux morts emplis de larmes pâles.

Entre leurs poings crispés serrant leurs fronts muets,
Sous les grands ciels de cuivre et les lunes brumeuses,
Au-dessus des détroits et des villes fameuses,
Elles vont emplissant l'air de grands coups de fouets ;

Et dans des cors d'airain des nains aux bras fluets,
De Sicile en Brabant, de Mayence à Grenade,
Clament : « Chrétiens, voici la chasse Hérodiade. »

DAME HABONDE

A Théodore de Banville.

Au son des cors vengeurs la chasse errante et blême
S'enfonce à l'horizon des vieux monts de Bohême
Et là, sous les pins noirs, dans un ravin pierreux

Une fois l'an fait halte, et la meute damnée
Va pouvoir enfin boire au torrent sulfureux,
Et, lasse, Hérodiade enfin de ses yeux creux
Va pouvoir essuyer les pleurs de l'autre année,

Quand tinte au clair de lune une cloche de fer
Fêlée. En rugissant la meute vagabonde
Détale, un vent maudit l'emporte, et dame Habonde,
Cadavre au ciel errant, remonte et fuit dans l'air,

Emportant dans la trombe et le regret amer
Du passé, le cortège aujourd'hui satanique
Et jadis adoré de la déesse Unique.

VIVIANE

Pour Léon Cladel.

Linus aux bois de Crète errant parmi les branches
Voyait fuir et tourner de vagues formes blanches
Qui riaient; et des pieds nus, dansant sur le thym

Et la menthe sauvage, égaraient Théocrite
En Sicile. En Bretagne, au temps d'un roi lointain,
Viviane, en riant de son rire argentin,
Pour captiver un mage évoquait un vieux rite;

Un charme Assyriaque aux savants nombres d'or,
Et svelte, demi-nue et d'iris bleus coiffée,
Les bras cerclés d'argent, dansait, lascive fée,
Sur le rythme endormant des prêtresses d'Endor.

En vain pour l'éveiller Arthus sonna du cor,
Le vieux barde oublié dort dans Broceliande
Et les harpeurs gallois ont gardé la légende.

TIPHAINE

Pour Léon Cladel.

Tiphaine, elle, invisible, au bord des fondrières
Errait au clair de lune, et les roses bruyères,
Se haussant sur leur tige en fleurs, baisaient sa main.

De peur qu'un indiscret rôdeur voulût la suivre,
Elle marchait pieds nus, et, sur ses pas, un nain
Refermait la broussaille obscure, et son hennin
Se profilait en noir sur le grand ciel de cuivre.

Tambourinant des doigts sur un miroir poli
L'appel aux quatre vents de l'espace sonore,
Elle faisait chanter l'obscène mandragore,
Puis, tournoyant trois fois sur un rythme joli

Et tendre, elle cueillait enfin la fleur d'oubli,
Dont l'essence mêlée au suc des jusquiames
Rend la vigueur au mâle et la jeunesse aux femmes.

ORIANE

A Léon Cladel.

Oriane la fée était l'effroi du pâtre...
Vaguement entrevus dans son antre bleuâtre,
Dormaient, las et charmés, des preux casqués d'orfrois.

Allumant les joyaux et les claires simarres,
Une lune fantasque aux rais glauques et froids
Glissait dans la caverne, et les beaux palefrois
Paissaient l'herbe à l'entrée, harnachés de cuirs rares.

Guidé par la huette ululant dans les bois,
Amadis vint au seuil de la grotte divine
Et, devant la lueur emplissant la ravine;
Le sire errant, sans crainte, ayant corné trois fois,

Sans réponse, entra, lui, dans l'antre et, de ses doigts
Déchirant le rideau de lierre et de liane,
Pour ce geste hardi, fut aimé d'Oriane.

MÉLUSINE

Pour Gustave Moreau.

En robe orientale, en coiffe sarrazine,
Au parapet jauni la pâle Mélusine
S'accoude et l'avenir est son souci poignant.

Devant l'horizon rouge aux créneaux accoudée,
Elle songe au destin des futurs Lusignan,
Soudain prise à l'aspect de ce grand ciel saignant
D'un vaste et morne ennui des beaux soirs de Judée.

Elle sent, triste et lasse aux derniers rais du jour
Venir l'heure du charme et des métamorphoses,
Et ses yeux prévenus veulent voir dans les roses
Du couchant, un adieu du monde à son amour.

Déjà grêle et visqueuse au sommet de la tour,
Elle voit ses bras nus verdir sous les écailles
Et le froid du serpent la saisit aux entrailles.

MORGANE

Pour Gustave Moreau.

Un pâle clair de lune allonge sur la grève
L'ombre de hauts clochers et de grands toits, où rêve
Tout un chœur de géants et d'archanges ailés.

Pourtant la ville est loin, à plus de deux cents lieues ;
La dune est solitaire et les toits dentelés,
Les clochers, les pignons et les murs crénelés,
Sur le sable et les flots montent en ombres bleues.

Au fond des profondeurs du ciel gris remuées
Toute une ville étrange apparaît : des palais,
Des campaniles d'or, hantés de clairs reflets,
Et des grands escaliers croulant dans les nuées.

Leur ombre grandissante envahit les galets
Et Morgane, accoudée au milieu des nuages,
Berce au-dessus des mers la ville des mirages.

I

CLAIR DE LUNE

A l'heure, où les bois d'aubépines,
De combe en combe au loin neigeant,
Apparaîtront dans les ravines
Comme un léger brouillard d'argent,

Nous irons dans la forêt brune,
Dans l'ombre, écouter les récits,
Que fait aux bois le clair de lune,
Ce bleuâtre amant des taillis :

Contes païens, récits épiques,
Dont les combats, tragique enfer,
Surgissent parfois noirs de piques
Au ciel brouillé des nuits d'hiver ;

Quand dans les brumes écroulées
La bise à l'horizon frileux
Entasse de pâles mêlées
D'escadrons d'astres fabuleux...

Mais ta marche hésite et tressaille
En m'écoutant, va, ne crains rien.
Le ciel d'Avril est sans bataille,
Le bois moderne est bon chrétien.

Un chasseur nimbé d'or l'habite ;
Les chênes en Mai sont bénis.
Un souffle innocent y palpite,
Le souffle adorable des nids.

La chasse errante sous la lune
De Diane et du roi païen
S'est perdue au loin sur la dune
Aux sons du cor de saint Julien.

Heureux si dans cette déroute,
Qui fait hélas ! le bois désert,
Il nous reste au bord de la route
Le grand cerf blanc de saint Hubert.

L'OMBRE ARDENTE

Pourtant je me suis laissé dire
Que les nains rieurs des talus
Étaient fils du vieux dieu Satyre
Et des faunes aux reins velus.

On veut aussi que la ruine,
Pour garder un ancien trésor,
Ait dans la mousse et la bruine
Des gnômes verts couronnés d'or...

Rêve ou non! libre à toi d'y croire.
Le bois nocturne a ses rayons
Mêlés de légende et d'histoire
Et des fables pour papillons.

Qui sait? Dans l'herbe lumineuse
Traînant des encensoirs d'argent,
Verrons-nous passer sous l'yeuse
Le cortège de la Saint-Jean?

Avec ses basses, ses violes
Fredonnant dans l'air tiède et pur,
Et ses diacres en étoles,
Tachant d'or clair le bois obscur:

Ses vierges d'iris bleus coiffées,
Portant des rameaux de buis vert,
Dont Shakespeare eût fait des fées,
Platon des nymphes à l'œil clair.

Écartant sur leurs pas les branches,
Nous verrons leurs manteaux de lin
Et l'ourlet de leurs robes blanches
Se perdre au tournant du chemin,

Et, dans la clairière irisée,
Le long des verts taillis mouillés,
Nous reviendrons dans la rosée,
De notre rêve émerveillés !

II

LES NEIGES

A ma mère.

On voit arriver de Norwège
Avec les premiers froids d'hiver
Des grandes abeilles de neige.
Leurs essaims blancs couvrent la mer.

Elles vont en Bohème, en Flandre,
Tourbillonnant par les cieux froids,
Par l'horizon couleur de cendre
Et les pignons sculptés des toits.

Aux clochetons, aux girouettes,
Aux balustres des vieux balcons
On voit en blanches silhouettes
Luire et trembler leurs gros flocons.

Battant des deux mains sous leurs moufles,
Les petits enfants, essaim blond,
Regardent se fondre à leurs souffles
Le givre des vitraux de plomb.

Dans un reflet crépusculaire
L'essaim blanc voltige en tremblant
Et, comme sous un grand suaire,
Les prés, les bois, tout devient blanc.

Leur vol est l'éternel silence,
On sent peser dans leur essor
Le rêve et la tristesse immense
Des immenses steppes du Nord :

La nuit, quand dans la vaste plaine,
Percé par leur froid aiguillon,
La terreur fait brâmer la renne,
Qu'a surpris leur blanc tourbillon...

Filles des pâles avalanches,
Leur froid baiser donne la mort.
L'hiver a ses abeilles blanches
Et l'été ses abeilles d'or.

Les neiges ont aussi leur reine,
Leur reine au profil argenté,
Dans la nuit glacée et sereine
Baignant sa froide nudité.

Sa ruche est au delà des pôles,
Sous les cieux du Nord étoilés.
On voit vibrer à ses épaules
Deux rayons de lune gelés.

Sous son manteau tissé de givre,
Voilà déjà plus de mille ans
Que son cœur a cessé de vivre
Et que ses yeux éteints sont blancs.

La neige autour d'elle immobile
Sous un ciel morne et sans frissons
Monte, resplendit et s'effile
En stalactites de glaçons;

Et sur cette blancheur spectrale,
Effrayante immobilité,
Règne une aurore boréale
Rouge de toute éternité.

Debout dans la rougeur immense,
Voilà trois mille ans qu'elle est là,
Gardant dans l'éternel silence
Le secret blanc qui la gela.

Reine des pâles avalanches,
C'est la Vierge auguste du Nord.
L'hiver a ses abeilles blanches,
Et l'été ses abeilles d'or.

La reine au loin parfois voyage.
Un traîneau doublé de frimats
L'emporte au-dessus d'un nuage
A travers de meilleurs climats.

Comme un point au milieu des nues,
On voit filer au ciel neigeux,
Au-dessus des troupeaux de grues,
La reine et son traîneau brumeux.

Les vieux loups assis dans la neige
Hurlent au coin du bois désert,
Et les corbeaux lui font cortège,
Criant la faim, criant l'hiver.

Elle, impassible et dédaigneuse,
Passe entre ses blancs bataillons ;
Il gèle et la lune frileuse
Lui tisse un manteau de rayons.

A travers le vent, les bourrasques
Elle va de ses doigts gelés
Cueillir les grandes fleurs fantasques,
Dont les carreaux sont étoilés.

Aux vieux vitraux teintés d'opale
On voit, impassible et sans bruit,
Son auréole et son front pâle
Rayonner et croître à minuit.

L'enfant couché dans la mansarde,
Transi de peur entre ses draps,
Croit que la reine le regarde.
Elle ne le voit même pas.

Elle est là-bas dans la Norwège,
Là-bas, bien au delà des mers,
Dans l'éternel palais de Neige,
Où dorment les futurs hivers.

III

LES ELFES

C'est au fond des bois de Norwège
Et de Thuringe, que Schiller
Fait valser les elfes de neige
Au bord des sources au flot clair.

Les nuits d'Avril, où l'ombre est douce
Et toute pleine de clartés,
Leurs pieds nus argentent la mousse
Au fond des sentiers écartés.

Le vieux gitane hésite et tremble,
En passant au coup de minuit
Sous le feuillage ému du tremble,
Où la source miroite et luit.

La nuit, sous la lune sereine,
Il sait, le gai coureur de bois,
Qu'il faut éviter la fontaine,
Où l'on entend rire des voix.

Les ténèbres sont provocantes,
Le souffle ardent des temps anciens
Emplit de nocturnes bacchantes
Les bois redevenus païens.

Des rires sonnent, des bruits d'ailes
Vibrent et, dans l'ombre entrevus,
Des fronts couronnés d'asphodèles
Tournoient vaguement éperdus.

Des rires aigus, des huées
Éclatent le long des talus.
Entre les feuilles remuées
On voit fuir des rables velus.

L'antique Évohé des Ménades
Retentit au creux des ravins.
Les elfes blancs sont des dryades,
Les elfes noirs sont des sylvains,

Ces seins tremblants, ces yeux humides
Valsant au fond d'une lueur,
Sont des dieux poilus et splendides
Baisant des nymphes en sueur.

Dryades aux grands yeux sauvages,
Sylvains couronnés de roseaux,
Dans l'ombre errante des feuillages
Tournoient en chantant sur les eaux ;

Et c'est le joyeux chœur antique
Des nymphes et des œgipans
Qui valse, étrange et fantastique,
Sous les clairs de lune allemands.

IV

LES ZINGARIS

A Jean Richepin.

Par la forêt et la ravine,
La lèvre rouge et les fronts bruns,
Les zingaris, fils des vieux Huns,
Vont chevauchant, tribu divine.

Ils ouvrent au vent leur narine
Et mordent aux fruits des nerpruns,
Qui saignent, et les grands parfums
Des bois imprègnent leur poitrine.

Drapés dans des manteaux déteints,
Et la peau couleur de gratins,
Ils vont vers les collines bleues ;

Et l'infini des monts lointains,
De l'espace immense et des lieues
Emplit leurs grands yeux philistins.

V

LA BELLE AU BOIS QU'A RÉVEILLÉE

La Belle au Bois, qu'a réveillée
Le beau prince franc Clodomir,
A préféré se rendormir
Dans la ronce et l'herbe mouillée.

Plutôt que vivre et que souffrir
Au sinistre oubli résignée,
La Belle a dit à l'araignée :
« Tisse tes toiles, araignée,
« L'ombre est douce à qui va mourir. »

Elle a mieux aimé, la charmante,
Reprendre son rêve enivrant
Que vivre en notre âpre tourmente.

Oh ! les grands iris odorants,
Les grands iris noirs de ténèbres
Au seuil des sept donjons funèbres
De la princesse au Bois dormant.

VI

UNE BELLE EST DANS LA FORÊT

Écoutez tous, c'est un secret,
Une belle est dans la forêt.

Les uns l'ont vue à sa croisée
Au milieu du grand lierre obscur,
Qui grimpe le long de son mur,
C'est l'Aurore dans la rosée.

Écoutez tous, c'est un secret,
Une belle est dans la forêt.

D'autres aux fontaines prochaines
L'ont surprise aux soleils couchants,
Lavant son linge au pied des chênes,
Aux frissons des roseaux penchants.

Ils ont dit qu'elle est blanche, blanche
Avec des cheveux d'or filés.
Sur la neige de l'avalanche
On dirait la paille des blés.

Écoutez tous, c'est un secret,
Une belle est dans la forêt.

D'autres au fond de la clairière
L'ont vue qui passait à minuit.
Ses pas faisaient de la lumière,
Comme des cierges dans la nuit.

Les fleurs se dressaient en silence
Parmi les menthes et les thyms,
Et sur sa marche d'indolence
Dansait un chœur de bleus lutins.

Mais le malheur est que l'escorte,
D'ombres falotes qui la suit,
Ne suit que le convoi des mortes !
Évitez la Belle à minuit.

VII

LE CHATEAU LÉTHARGIQUE

Les gnômes verts couronnés d'or,
Qui veillent sur l'ancien trésor
    Du château léthargique,
Le petit-fils du bûcheron
Les a surpris dansant en rond
    Et sait le mot magique,
Qui fait s'ouvrir, las et charmés,
Taillis épineux et fourrés
    Dans la forêt tragique.
Il a conduit, le bûcheron,
Le fils du roi jusqu'au perron
    Du château légendaire ;
Puis, courtois, il a pris congé,
Disant : « Cherchez, bel étranger.
    « Parmi la primevère
« Neige de songe est là qui dort,
« Dans un cercueil de verre.
« Là sûrement gît le trésor. »

Captif des ronces et des lierres,
Le prince trois fois centenaire
Rôde aujourd'hui parmi les pierres,
Et le prince errant cherche encor.

VIII

PRINTEMPS MYSTIQUE

Sous la lune bleue aux caresses molles,
Par le clair obscur des bois épineux,
Le Printemps s'avance aux sons lumineux
Des flûtes mêlées aux voix des citholes.

Entre des fronts blancs nimbés d'auréoles
Et des yeux rieurs d'enfants curieux,
Il passe à pas lents et mystérieux,
Et sur ses pieds nus pleuvent des corolles.

Cresson argenté, violettes fines,
Primevères d'or, pâles aubépines
Tombent sur ses pas en clairs encensoirs;

Et par les ravins, l'odorante neige
Des pommiers, fumant dans l'ombre des soirs,
Illumine Avril et son doux cortège.

IX

LE BEAU PIRATE

« Ohé, ohé, carguez les voiles !
Le flot ce soir est plein d'étoiles,
Le vent est frais, le ciel est clair

Et la lune dans la mâture,
Diseuse de bonne aventure,
Nous annonce une bonne mer. »

Et sur la vague qui moutonne,
Sans jamais prier la Madone,
Courait le beau pirate roux,

Écumant la mer et la grève,
Buvant et trouvant l'heure brève,
De Gibraltar à Matifou.

Tout lui semblait de bonne prise,
Il pillait le cloître et l'église
Et vendait la croix du Sauveur

Jusqu'au jour, où la mer polaire
Dans son ombre crépusculaire
Saisit le trois-mâts voyageur.

Et maintenant sous les étoiles,
Un calme de mort dans ses voiles,
La proue au flanc d'un iceberg,

Le trois-mats gît parmi les môles
De glaçons, au delà des pôles,
Captif de l'éternel hiver.

« Ohé, ohé, carguez les voiles !
Le flot ce soir est plein d'étoiles,
Le vent est frais, le ciel est clair,

Et la lune dans la mâture,
Diseuse de bonne aventure,
Nous annonce une bonne mer. »

X

L'AME ANTIQUE

> L'âme antique, voilée et drapée d'étoffes molles et violâtres, est accoudée immobile à un cippe. — En avant d'elle, deux trépieds éteints. — Autour d'elle, sur deux rangs, des joueuses de flûte.

I

Aux appels langoureux des flûtes
Écartant mon léger linceul,
Je m'éveille, et mon cœur moins seul
Palpite et bat sous les volutes
De mon voile, où s'effeuille une fleur de glaïeul.

Dans le clair obscur et les moires
De l'Erèbe, au pays d'Oubli,
Veillé par des grenouilles noires,
Mon corps dormait enseveli,
Quand le plectre d'écaille et les flûtes d'ivoire
Ont soudain retenti.

Et, telle une pâle fumée,
De l'ombre infernale exhumée,
Les doigts de fard encore rougis,
Je monte et, calme, je surgis.

Mes pavots et mes violettes,
Fanés depuis quatre mille ans,
Ont refleuri mes bandelettes;
Et de mes mains aux gestes lents
Je viens vous rallumer, ô frêles cassolettes,
Souvenirs d'un jadis embaumés et brûlants.

II

Des temps où j'ai vécu, l'amère nostalgie
M'obsède, et tristement sous le ciel d'aujourd'hui
Je pleure l'ère d'or, où mon œil ébloui
S'ouvrait au ciel profond et bleu de la Phrygie.

Les bras ceints d'électrum, la prunelle élargie
Par l'image d'un dieu, j'imposais les doux oui
Aux lèvres des guerriers, spectres évanouis
Dont j'ai fait dans ces vers une molle élégie.

Comme un rêve de marbre éclos dans le ciel pur,
Le temple où je veillais, pieuse canéphore,
Dominait et l'eau glauque et l'ambre des blés mûrs,

La vallée et la mer que l'alcyon décore ;
Je portais le miroir et la lampe et l'amphore
Et le trépied sacré flambait haut dans l'azur.

III

Quels gestes abolis, quels mots évocatoires
Redresseront jamais, sur les bleus promontoires
    Le vieux temple écroulé !

Las, ils sont à jamais morts, les hiérodules,
Dont la voix aurait pu dans l'or des crépuscules
    Ressusciter Hellé !

Le siècle, hélas ! n'est plus où les dieux nus et calmes,
Au bruit des chants sacrés, au rythme lent des palmes,
    Et dans leur gloire assis,
Regardaient défiler en longues théories
Le mystère éclatant de tes Thesmophories,
    Mater Cybèle Isis !

O pâturages bleus et fables de Sicile,
Récits de vieux pilote et légendes des îles,
    Lourds gâteaux de pavots,
Que déposaient au pied d'autels vêtus de mousses
Des trayeuses de lait au front ceint de fleurs rousses
    Et de gestes dévots !

Roseaux luisants de cire aux doigts légers des pâtres,
Évoquant Artémis dans les antres rougeâtres
    Des monts thessaliens,
Et, parmi le feuillage en émoi du cytise
Et du troëne en fleurs, les yeux de convoitise,
    Actéon, de tes chiens !

Entre les iris noirs et les coupes de jades
Des lotus, cet éclair, le torse des naïades
    Par Priape épié,

Et sous les ciels d'août, déjà pâle et sans vie,
L'angoisse et les clameurs du Syrinx poursuivi
    Par Pan le chêne-pied.

Sous quelle acanthe en fleur, au pied de quel portique
Vous abriter encore, âmes du monde antique,
    Idylles des vergers !
Rêve éclos de Corinthe à Cos, et d'Agrigente,
A Lesbos, qu'une lune ardente et blême argente,
    Amours des dieux bergers !

IV

Ni les douces langueurs des plectres et des lyres,
Ni les parfums mourants des vagues encensoirs,
Ni ma nourrice en pleurs dans l'adieu des longs soirs,
Ni mon blond fiancé, héros au fier sourire,
N'avaient pu rallumer le feu des vains espoirs
En mon cœur, oiseau mort comme un cœur d'hétaïre,
Volume à jamais clos où nul n'avait pu lire,
Et lasse, je dormais, le front dans les lys noirs;

Quand voilà qu'au milieu de mes songes funèbres,
Tels des miroirs d'argent luisant dans les ténèbres,
Des faces ont souri, des souffles chuchoteurs
Ont frôlé le linceul où je dormais raidie,
Inaccessible et sourde aux vaines comédies
Sans symbole et sans Dieu de ces temps insulteurs.

V

Et j'ai senti les bandelettes
De mon corps froid depuis mille ans
Se dénouer; des violettes
Ont parfumé mes doigts tremblants
Et j'ai tendu vers vous mes bras, ô cassolettes,
Chers tombeaux d'un passé merveilleux et troublant.

Dans les chansons, dans les murmures,
Portant les uns des figues mûres,
Les autres des fleurs de crocus,
C'étaient tes chanteurs, ô Bacchus!

Et j'ai reconnu le cortège
Des nains et des mimes ventrus,
Et ceux qu'un masque d'or protège,
Les bouffons des temps disparus
Et l'Hoplite et l'Archonte et le fils du Stratège
Sur leurs pas accourus.

Et le crotale sonne et le masque ricane
            Le fol
          Au parasol
        Braque sa sarbacane.

          En robe diaphane
          C'est Chrysis et, pieds nus,
          Bacchis la courtisane
          Aux gestes ingénus
          Et dans la folle attique
          Réveillée à leurs cris
          La Comédie antique
          Danse, grimace et rit.

        Aux appels langoureux des flûtes
        Écartant mon léger linceul,
        Je m'éveille, et mon cœur moins seul
        A palpité sous les volutes
De ma voile où s'entr'ouvre une fleur de glaïeul.

XI

SOIRS DE IODIS

I

La Princesse au bord du ruisseau
S'assit pour cueillir la verveine.
Ses yeux étaient frais comme l'eau,
Mais son cœur avait grande peine.

« Mon prince est parti sans retour,
Ma joie amoureuse est fumée.
Qu'on me dresse au seuil de ma tour
Un grand lit de sauge embaumée.

Et ce soir, au glas du beffroi,
Cierges d'or et cierges de flamme,
Sous un dais de pourpre et d'orfroi,
Feront belle escorte à mon âme. »

II

Ils s'aimaient : au milieu des lys
Et des roses du vieux domaine
Chaque soir voyait le beau fils
Conduire aux charmilles la reine.

Penchés sur la vasque d'airain
Des jets d'eau, le cœur aux écoutes,
Ils laissaient couler leur chagrin
Avec l'eau pâle, goutte à goutte.

Et c'était en les soirs vermeils,
Une joie angoissante et pure,
Que d'entendre en deux cœurs pareils,
Sangloter la même blessure...

Sans vain scrupule, et sans effroi,
Elle aimait tant, la reine aimée,
Qu'un jour la mâle renommée
En parvint jusqu'au camp du roi.

Et, depuis lors, on ne vit plus
La Reine à la marche hautaine,
Appuyée au beau capitaine,
Errer sous les arbres confus,

Par les chemins aux larges dalles,
Dont ils cueillaient, naguère encor,
Les lys aux orgueilleux pétales,
Et les roses de pourpre et d'or...

III

Ce qui frappa ses yeux d'abord,
Ce fut, dans l'herbe et la rosée,
La tête humide et tiède encor,
Du sire, au pied des lys posée...

La tête blonde aux lourds cheveux,
Avec le rire en fleur des lèvres,
Où les baisers et les aveux
La veille, hélas ! mêlaient leurs fièvres ;

La dame en silence posa
Sa bouche aux yeux clos, et son âme
Dans un long sanglot se brisa...
Le Ciel accueille Belle Dame !...

XII

BROCELIANDE

Les genêts étaient d'or et dans Broceliande
L'iris bleu, ce joyau des sources, la lavande
Et la menthe embaumaient : c'était aux mois bénis,
Où le hallier s'éveille à l'enfance des nids,
Et les pommiers neigeaient dans les bois frais et calmes.
Au pied d'un chêne énorme, entre les larges palmes
Des fougères d'Avril et les touffes de lys,
Viviane et Myrdhinn étaient dans l'ombre assis.

Svelte, un hennin brodé ceignant l'orfèvrerie
De ses longs cheveux roux et, la robe fleurie
Sur un fond vert de mer d'arabesques d'argent,
Elle avait l'air, charmante et la gorge émergeant
De la tunique ouverte et glissant des épaules,
D'une abeille posée au feuillage des saules ;
Et ses bras nus étaient chargés d'anneaux d'orfroi.
Auprès d'elle, envahi d'un lent et vague effroi
Et, ses vieux doigts posés sur les cheveux d'or fauve
De la dame, Myrdhinn inclinait son front chauve
Sur sa barbe argentée et se taisait.

Au loin
Dans la verte clairière, impassible témoin
De leurs amours, paissaient deux blanches haquenées.
Ils avaient fait la route à petites journées
Et d'Ys en Cornouaille, où la mer est d'azur,
Par la lande aux fleurs d'or et par le clair obscur
Des grands bois odorants, où le jour pleut et tremble
En traits bleus, depuis l'aube ils chevauchaient ensemble
Et l'instant de la halte était enfin venu.

Fée experte et savante au regard ingénu,
La dame, entre ses doigts faisant couler ses tresses,
Les ouvrit et, roulant en soyeuses caresses
Leur or lisse et fluide oint d'essence et de nard
Sur la barbe neigeuse et le cou du vieillard,
« M'aimez-vous, ô Myrdhinn, m'aimez-vous, puissant
  [maître ? »
Implora-t-elle, et lui, les yeux clos, sans paraître
L'écouter, lui tendit une fleur de glaïeul ;
Et les flots de sa barbe étaient comme un linceul
D'écume, où la parole était morte et raidie.

« Le hâle et l'air des bois m'ont-ils donc enlaidie
A ce point, qu'aujourd'hui, dédaigneux de me voir,
Vous refusiez, Myrdhinn, à mes yeux le miroir
De vos yeux, ces chers yeux emplis de mon image
Jadis ? » et souriant tristement, le vieux mage

Lui tendit de nouveau le frais glaïeul en fleur.
Or, comme elle hésitait, l'œil obscurci d'un pleur,
Le vieux sire effeuillant la fleur fraîche cueillie :
« Ce glaïeul, humble fleur de rosée embellie,
Offre son thyrse humide aux passants ; son amour
Pénètre, embaume, enivre et pourtant, nuit et jour,
Le glaïeul est muet et fleurit en silence.
— Votre fleur de glaïeul, maître, est une insolence :
C'est une fleur de rustre, étant fille des bois.
L'amour, l'Amour des dieux, des dames et des rois,
Eros était brodé sur la tapisserie
De la chambre d'Arthus, où, dans l'ombre fleurie
De lys d'or, il ouvrait ses bras nus ravisseurs
Entre Apollo Phœbus et les neuf Muses sœurs ;
Mais il n'était qu'aveule, aveugle et non morose :
Car de sa lèvre, ouverte au tracé d'un fil rose,
Des devises de gloire et des tendres serments
Signés de noms fameux, tragiques et charmants,
Se déroulaient au ciel en fines banderoles.
L'amour sur votre lèvre est morne et sans paroles,
Doux sire, et cependant, vous qui pensez ainsi,
Myrdhinn, vous êtes sage et je vous dois merci ;
Mais j'aimais mieux l'Eros de la mythologie,
Il riait. » Et, sortant de sa robe élargie
Sa gorge droite et nue entre ses cheveux roux,
Elle entra plus avant entre les deux genoux
Du vieillard et, posant sa nuque délicate

Sur sa robe de myre en samit éclartate :
« Un mage, comme vous, doit aimer les odeurs! »
Dit-elle et, de ses doigts caressants et rôdeurs
Elle fit en flots blancs couler dans sa poitrine
La barbe du vieux sire, enivrant sa narine
De l'odeur de ses seins à sa robe appuyés;
Et, tandis qu'ébloui, les yeux extasiés,
Frôlé par ces doigts frais et ces tresses errantes,
Il humait cette gorge et ces mains odorantes,
La dame, elle, attentive au trouble de ses yeux,
Entonna lentement ce lai mystérieux :

    Des parfums de mes lourdes tresses
    Mêlés au goût de mes baisers,
    J'ai fait de savantes caresses
    Pour les désirs inapaisés.

    Au suc des chardons bleus des dunes
    J'ai mêlé sous mes yeux ardents
    Les froids rayons des vieilles lunes,
    Pris au froid émail de mes dents.

    Et j'en ai fait un fier breuvage,
    Un vin d'espérance et de vœux,
    Un philtre amoureux et sauvage
    De la couleur de mes cheveux.

Mon cœur est l'orgueilleuse amphore,
Où l'âpre vin luit nuit et jour,
Luit, attendant la rouge aurore
Où tu boiras, féru d'amour.

Rampante à tes pieds, en extase,
Suppliante au cœur douloureux
J'exalte vers toi le beau vase,
Écumant du philtre amoureux.

La coupe au niveau de ta lèvre
Rayonne, et mes débiles mains,
Dans le désir et dans la fièvre,
Implorent les bleus lendemains ;

Et tandis que, blême, j'écoute
Et fléchis au poids de l'affront,
Le vin déborde goutte à goutte
Et tu détournes, toi, le front.

Tu me dédaignes, mais prends garde,
Car la salamandre aux yeux verts
Est ma complice et te regarde,
Vieux mage implacable et pervers.

10.

La salamandre est ma complice
Et je sais, vieillard soupçonneux,
La combe où fleurit la mélisse,
La plante chère aux cœurs haineux.

Dans l'herbe folle et dans l'ivraie,
Je sais quels sinistres avis
Le crapaud coasse à l'orfraie,
Qu'une reine Juive a suivis.

Des parfums de mes lourdes tresses,
Mêlés au goût de mes baisers,
J'ai fait de savantes caresses
Pour les désirs inapaisés.

Et la dame, en un spasme entr'ouvrant ses dents froides,
Lui mordit les genoux à travers les plis roides
Du samit écarlate, et le myre indulgent :
« L'âge a fait mes sourcils et ma barbe d'argent,
Je suis trop vieux pour vous, belle dame amoureuse,
Trop las pour votre ardeur attirante et fiévreuse,
Trop usé pour le rêve et l'impossible essor
Que médite votre âme ; et parmi vos crins d'or
En vain, voluptueuse et morbide couleuvre,
Pour me plaire avez-vous, enfant, mis tout en œuvre !

Le sang de mes vingt ans, que l'âge a refroidi,
Trahit le vieux Myrdhinn et, dans l'ombre engourdi,
Songeur lourd de regrets, de tristesse et d'années,
Je suis le morne époux des vieilles fleurs fanées,
Un diseur de légende, autrefois gai chanteur
Des gloires de mon siècle ; et le ruisseau menteur
Qui bavarde, emportant les fleurs à la dérive,
Dit plus de gais refrains aux roseaux de la rive
Que Myrdhinn, aujourd'hui las des temps révolus,
N'en a jamais chantés aux douze preux d'Arthus.
La vieillesse a figé le sang bleu de mes veines
Et votre jeune espoir poursuit des ombres vaines.
Que faites-vous assise encore à mes genoux !
Un chevalier robuste à l'œil clair, au poil roux
Voilà l'heureux ami qui calmerait votre âme
Et vous perdez ici votre temps, belle dame. »
Et la dame sourit et lui répondit : « Non.
Car serve de Myrdhinn est encore un beau nom,
Et mon rêve d'amour est un rêve de gloire.
Mais, dit-elle en riant, conte-moi quelque histoire,
Toi qui sais les légendes et les mythes païens,
Fais-moi quelque récit d'ombre et d'amour anciens,
Je me consolerai du triste sort du nôtre.
— Et l'on dira plus tard : « Myrdhinn était l'apôtre
Et dame Viviane était son clerc d'amour, »
Interrompit Myrdhinn, en riant à son tour,
Soit, je vous dirai donc que dans Broceliande

Une dame galloise, amoureuse et friande,
Étant un soir assise à l'endroit que voilà... »
Viviane, elle, dit : « Non, non, pas celle-là,
Doux sire, mais plutôt cette étrange légende
D'Orient, où l'on voit un roi de Samarcande
Dans une ville bleue aux toits en parasol,
Et des mages persans interroger le vol
Des aigles, au chevet d'une reine captive...
Je me souviens, le roi voulait l'enterrer vive
Pour l'avoir à lui seul cachée à tous les yeux...
Il s'agissait d'un charme ailé, mystérieux
Et c'était effrayant, ce vieux roi sur ce trône
Entrevu, lourd de pourpre et d'anneaux d'ambre jaune
Et ce charme endormeur aux savants rythmes d'or,
Ce divin conte ailé, je veux l'entendre encor,
Myrdhinn!» Et, dans sa robe aux tons d'aigue marine,
Elle appuyait sur lui ses bras et sa poitrine,
L'enivrant de son corps à son corps enlacé ;
Et le vieillard pensait : « Esprit froid et rusé,
Embûche de galloise et d'âme ambitieuse.
Par le roi Salomon, la dame est périlleuse ! »
Mais il eut bientôt fait de dompter son effroi
Et, prenant dans ses mains les bras cerclés d'orfroi
De la dame et comptant des poignets aux aisselles
Les anneaux : « Le vieux conte est âpre aux demoiselles,
Mais, quand ma dame prie, elle ordonne, et le vent
De son léger caprice est un chêne mouvant,

Où ses désirs émis sont fleurs épanouïes,
Je vais donc vous conter des choses inouïes ;
Mais j'ai là dans une outre un breuvage divin
Dont je voudrais avant, dans mon casque d'or fin,
Boire large rasade... Après, si ma voix tremble,
Que Myrdhinn soit hué, nous en boirons ensemble,
(C'est un vin merveilleux) vous, pour mieux écouter,
Moi pour chauffer ma verve et pour bien raconter. »
Il dit et, renversant son vieux buste en arrière,
Myrdhinn, ayant sifflé trois fois dans la clairière,
L'un des deux palefrois accourut au grand trot.

Ayant flatté la bête au front, comme au garot,
Myrdhinn prit en riant à l'arçon de la selle
Une outre de cuir fauve et, parmi la vaisselle,
Dont deux plats de vermeil étaient tout le trésor,
Un vieux casque héraldique. émaillé sur fond d'or.
« La belle Viviane, au lieu d'un vidrecome,
De Myrdhinn voudra-t-elle accepter l'humble heaume ? »
Et la dame ayant dit : « Pour un honneur pareil
Cléopâtre eût donné l'ongle de son orteil ! »
Myrdhinn versa le vin de l'outre dans le casque.

Le casque était orné d'un mufle de tarasque
Et l'œil de la tarasque est funeste au félon.
Aussi, quand Viviane avec un geste long

Eut remis le breuvage et le heaume au vieux sire,
Lui ne put réprimer dans sa barbe un sourire
Et, cachant son triomphe et son front dans ses doigts,
Il se rassit dans l'ombre et d'une lente voix :
« Il était autrefois un roi de Samarcande... »

II

Les lys étaient d'argent et dans Broceliande,
Où la lune au ciel clair et pâle errait sans bruit,
Myrdhinn, spectre écarlate entrevu dans la nuit,
Contemplait à ses pieds Viviane endormie.

« Douce et perfide dame, adorable ennemie,
Ces lys en sont témoins, je voulais t'épargner,
Mais ton sauvage orgueil n'a pu se résigner
Et j'ai dû t'endormir, ô dame périlleuse !
Le breuvage a fermé ta bouche astucieuse
Et le charme endormeur aux souples rythmes d'or,
Le charme, que ta bouche en rêve implore encor,
Va t'enclore à jamais, invisible et vivante,
Dans le cercle mouvant de sa danse savante.
O doigts blancs et légers, qui frôliez mes genoux,
Lents baisers, bras errants et frais, longs cheveux roux
Qui méditiez ma perte, un léger sortilège
De Myrdhinn vous déjoue et les cheveux de neige
Et la barbe argentée ont pris les cheveux d'or.
Ni corbeau croassant ni fanfare de cor,

Quand j'aurai prononcé les trois phrases magiques,
Ne pourront éveiller tes beaux yeux léthargiques
Et tu vas dans la ronce et les lys à jamais
T'engloutir invisible, et pourtant je t'aimais ! »
Il dit, et, dans ses mains ayant pris les mains froides
De la dame et baisé longuement ses yeux roides,
Il lui croisa les bras sur sa robe aux longs plis
Et puis, ayant posé dans les touffes de lys
Cette adorable tête, ardente et douloureuse,
« Adieu, murmura-t-il, adieu ; pâle amoureuse ! »
Et le mage, en cadence élevant les deux bras,
Se mit au clair de lune à tracer pas à pas
Un grand cercle, et sa bouche égrenait des paroles
Magiques.
   Et les lys, entr'ouvrant leurs corolles,
Embaumaient; les iris, emplis d'une lueur,
Resplendissaient dans l'ombre, et, le front en sueur,
Myrdhinn dansait toujours la danse ensorcelée.

Myrdhinn dansait, l'œil fixe et la barbe emmêlée ;
Et des lieux éloignés, du fond des antres frais
Des rires et des voix, vains échos des forêts
Nocturnes, bruissaient, musique bourdonnante ;
Et la sueur coulait sur la peau frissonnante
Du vieux myre, et c'était au fond des bois perdus
Des appels et des pas, vaguement entendus...
Puis rien, rien que le bruit des deux pieds sur la mousse

Retombant en mesure, et de l'herbe qui pousse
Rapide, épaisse et noire, humide et froid linceul
De la dame endormie au pied du chêne aïeul.

La lune entre des pins était alors cachée.

Myrdhinn alors fit trêve et, la tête penchée,
Ayant neuf fois tourné sur lui-même, écouta,

Et dans la forêt brune un fou rire éclata,
Un rire jeune et frais, suivi d'un grand silence.

Effilant les lys bleus en pâles fers de lance,
La lune à ce moment surgit entre les pins
Et la clairière obscure et le creux des ravins
Apparurent, peuplés de blanches silhouettes

Et Myrdhinn murmura : « C'est quelque cri de chouettes,
Et, comme un clair défi, le rire étrange et frais
Éclata de nouveau, mais cette fois, plus près.
« C'est quelqu'esprit des bois qui dans l'ombre erre et rôde,
Dit le mage, et cherchant à son doigt l'émeraude
Qui le rend invisible et chasse les esprits,

Myrdhinn, vieux loup royal au piège enfin surpris,
Sentit fondre son âme et tomber sa superbe.
D'entre ses mains glissée et de ses mains dans l'herbe,
L'émeraude à son doigt n'était plus.
                                        Jeune et fou
Le rire à son oreille éclata. « Le hibou
N'a pas ce rire ailé, » dit une voix connue,
Et férocement rousse et férocement nue,
Les seins droits et pourprés, rouge tentation,
Le heaume de Myrdhinn sur l'or en fusion
De ses fauves cheveux bondissant sur ses hanches,
Viviane apparut, farouche, entre les branches.
L'émeraude à son doigt scintillait dans l'or roux.
Myrdhinn, lui, sanglotait, tombé sur ses genoux :

« Puisque Myrdinn a fait la folle rêverie
D'endormir à jamais ma tunique fleurie
Et d'enchanter ma robe et mon hennin doré,
J'ai dû ceindre le heaume aux guerriers consacré,
Le heaume, où, te fiant aux vertus des tarasques,
Tu verses aux félons des breuvages fantasques.
Se venger d'une dame en tenant endormis
Sa robe et son hennin, Arthus a-t-il permis,
Myrdhinn, cette traîtrise aux preux de son cortège?
Hennin de Viviane, on vous a pris au piège.
O doigts blancs et légers qui frôliez ses genoux,
Lents baisers, bras errants et frais, longs cheveux roux

Qui méditiez sa perte, un léger sortilège
De Myrdhinn vous déjoue et, les cheveux de neige
Et la barbe argentée ont pris les cheveux d'or.
Ni corbeau croassant ni fanfare de cor
Quand j'aurai prononcé les trois phrases magiques,
Ne pourront éveiller tes beaux yeux léthargiques,
Et tu vas dans la ronce et les lys à jamais
T'engloutir invisible, et pourtant je t'aimais ! »

Et, riant à Myrdhinn, qui pleurait en silence,
La dame au clair de lune exécuta la danse.

XIII

LE FAUNE

Pour Théodore de Banville.

I

LE SOMMEIL

Un faune était, cynique et fauve,
Vivant effroi du bois obscur,
Prenant la forêt pour alcôve
Et de l'ombre indignant l'azur.

Il n'était source, ni fontaine,
Où l'on ne vit son front cornu
Rôder, errer, toujours en peine
D'un bras de femme ou d'un pied nu.

Ses yeux ardents de convoitise
La nuit, le jour, au fond des bois,
Sous le troëne et le cythise
Guettaient la dryade aux abois.

Sa conduite en Juillet infâme
Était le scandale d'Avril,
Traitant l'herbe des bois en femme,
Mettant jusqu'aux fleurs en péril.

Diane avait senti son souffle
Effleurer son épaule un soir;
Bref ce faune était un maroufle
Malappris, grossier et fort noir.

Un matin que, vautré dans l'herbe,
Auprès de sa flûte à sept trous,
Le demi-dieu ronflait superbe,
Des perles d'eau dans son poil roux,

Trois nymphes, filles du vieux Rhône,
Passant au fond du bois païen,
Surprirent le sommeil du faune
Et reconnurent le vaurien.

Tremblante, le doigt sur la bouche,
Les yeux pleins de mauvais desseins,
Chacune s'arrêta, farouche ;
Un blanc courroux gonflait leurs seins.

Néère parle la première :
« Vengeons-nous, tressons des liens
D'écorce de hêtre et de lierre,
Puis, chargé de nœuds gordiens,

Dans la source au courant rapide,
Où le pied s'écorche aux cailloux,
Poussons-le, traînons-le livide,
En le fouettant avec des houx...

Qu'il trébuche et pleure, qu'il saigne,
Que la verge entame son flanc !
Je veux que l'onde où je me baigne,
Soit rouge et trouble de son sang...

Que la rougeur au front lui monte.
De rage et d'angoisse étouffant,
Qu'il en pleure et rugisse... ô honte !
Fustigé par des mains d'enfant,

Par des nymphes... sur une route,
Comme un ilote ivre et voleur,
Sous les yeux du bois qui l'écoute,
Et rit dans l'ombre à sa douleur !

— Votre conseil est bon, Néère,
Mais le dieu serait le plus fort
Et malheur à la téméraire,
Qu'il saisirait dans son transport.

Un songe ailé nous favorise.
Pourquoi provoquer son réveil ?
Mettons à profit la surprise,
Où nous l'a livré le sommeil.

Le faune est là, fauve en superbe,
Les reins velus, les bras nerveux !
Qu'il s'éveille affreux, glabre, imberbe,
Rasons sa barbe et ses cheveux !

Qu'il en fasse peur à Silène,
Qu'il soit pelé, ras et tondu,
Hideux à faire perdre haleine
Le soir au zéphir éperdu...

Que partout, où fuira sa course,
L'insulte l'accueille en chemin,
La nuit, au miroir de la source,
Le jour, au creux vert du ravin,

Que, poursuivi par les murmures
Des Satyres et du dieu Pan,
Sur son front ras et noir de mûres
Coulent des larmes d'œgipan ! »

Et les deux nymphes sous les saules,
Les yeux de vengeance éclatants,
Des perles d'eau sur leurs épaules,
Souriaient et montraient leurs dents,

Alors, ouvrant dans le feuillage
Ses grands yeux de biche aux abois,
Daphné, la nymphe au doux visage,
Dit aux deux autres à mi-voix :

« Mes sœurs, pourquoi chercher la lutte ?
Si le faune allait s'éveiller !
Croyez-moi, prenons-lui sa flûte
Vous l'entendrez d'ici crier ! »

LE FAUNE

II

LE RÉVEIL

Cependant dans le bois nocturne,
Saisi par le froid du matin,
Le dieu rêveur et taciturne
S'éveille et regarde incertain.

Souriant encore à son rêve
Empli de blanches nudités,
Le faune amoureux se soulève
En bâillant aux réalités.

Le faune est devenu livide.
D'un bond debout dans le ravin,
Le cou tendu, la lèvre avide,
Il n'en croit pas son œil divin...

Hier encor dans l'herbe humide
Il l'avait posée de sa main
Au bord de l'eau; la place est vide...
On t'a pris ta flûte, o Sylvain !

Il est là courroucé, tragique,
Tordant aux froids baisers de l'air
La maigreur de son torse antique
Et les poils dorés de sa chair...

Le courroux gonfle sa narine :
Les doigts écartés de stupeur,
Il souffle à grand bruit; sa poitrine
Gronde et le bois obscur a peur.

Tout à coup de son œil sauvage
Des larmes coulent à longs flots,
Et, les deux mains sur son visage,
Le Satyre éclate en sanglots.

« O ma flûte, ô ma douce amie,
Que j'avais d'écorce des bois
Sculptée, où j'avais mis ma vie,
Mon souffle, mon rêve et ma voix !

On t'a dérobée à ton maître,
D'autres baisent le bois léger,
Où les soirs, à l'ombre du hêtre,
Mes doigts aimaient à voltiger ;

Les soirs, ô ma douce compagne,
Où, tous deux au creux du vallon,
Nous retardions sur la montagne
Le retour du char d'Apollon.

A minuit, la pâle déesse
Aimait au ciel à s'arrêter
Pour t'écouter, ô ma maîtresse,
Sous mes lèvres rire et chanter !

Les nuits d'Avril dans la clairière,
Où sous la lune aux bleus frissons,
Les nymphes, en ronds de lumière,
Dansaient aux bruits de tes chansons.

Moi le dieu songeur et maussade,
On m'aimait à cause de toi.
Quand tu résonnais, la naïade
Osait lever les yeux sur moi.

Toi seule avais su me comprendre !
Tu ne raillais pas ma laideur
Et je n'ai pas su te défendre
Contre l'infâme maraudeur !

Près de moi, dans l'herbe mouillée
Tu reposais, prête à causer,
Et l'on t'a prise ensommeillée,
Chaude encore de mon baiser.

Quelque dieu jaloux par envie
T'aura brisée ! ô sort cruel ;
La vie avec toi m'est ravie,
Je n'avais que toi sous le ciel. »

Il pleura longtemps en silence,
Les larmes coulaient dans ses doigts,
Puis, quand revint le soir immense
Le dieu s'enfonça dans les bois.

L'OMBRE BLEUE

Pendant trois nuits, au clair de lune,
Il erra sur les monts connus,
Interrogeant la forêt brune
Et l'écho des rochers émus.

Ses larmes tombaient sur la route
Et dans l'ombre du bois sacré
Des sources pleuraient goutte à goutte
Où le dieu Pan avait pleuré.

Le sommet neigeux de l'Hymette
Fut le dernier où retentit
Sa plainte et, pleurant sa défaite,
Le satyre au loin se perdit.

Le bois devint tragique, austère ;
L'Amour de sa fuite attristé
Vida tout son carquois à terre
Et quitta le bois déserté.

Plus de surprises, d'embuscades,
Embûches en fleurs du printemps,
Pudiques effrois des naïades,
Sourires de l'ombre irritants !

Les nuits, au bord de la fontaine,
Plus de flûte au son grave et pur
Montant sous la lune sereine
Comme un vol d'oiseau dans l'azur !

Les autres faunes s'en allèrent,
Le bois tomba dans l'abandon,
Les nymphes seules demeurèrent,
Tristes, implorant Cupidon.

Le bois païen devint mystique.
Le temps, cet autre dieu menteur,
Fit du faune une fable antique...
L'ombre avait perdu son chanteur.

XIV

JEUNE AUJOURD'HUI !

Jeune aujourd'hui, vieille demain !
Lève les yeux et, dans ta main
Posant ton front, écoute et pleure !
Aime aujourd'hui ; tôt viendra l'heure
Où ceux qui te disaient : toujours,
N'auront plus pour toi de pensée.
La peau couleur de cendre, à ton tour délaissée,
Tu verras, talons nus, s'effarer les Amours.

Va, livre donc ta bouche à la bouche amoureuse
De ton amant ; la vie est creuse
Et l'amour seul l'emplit, qu'il soit blond, roux ou brun
Et tôt finit le désir de chacun.

Dans le verger, l'herbe est haute et fleurie,
Sous les pommiers laisse, puisqu'il t'en prie,
Ton doux seigneur s'étendre et pâmer près de toi ;
Vois, il brûle et se meurt; qu'un même et tendre émoi
Vous fasse palpiter cœur contre cœur ensemble.

Comme une fleur énorme, entre les arbres tremble
    L'ardente lune : et minuit opportun
    A pour vous deux sonné l'heure des fièvres.
    Va, laisse mordre et becqueter tes lèvres,
    Tôt est fané le désir de chacun.

    Tôt viendra l'heure où, dans les herbes folles,
    S'effeuilleront et les douces paroles,
    Et les serments, et les tendres aveux,
    Tels des boutons de rose en tes cheveux,
        Près de ta rose oreille.
    Tôt viendra l'heure où ta toison vermeille
Sur ton front blême apparaîtra de sel...
De sel amer, et, comme un vieil autel
Abandonné, tu fléchiras dans l'ombre ;
Douce, en songeant aux caresses sans nombre
Dont te couvraient l'amant roux et le brun.
Tôt est fané le désir de chacun.

Tu compteras tous tes jours et tes heures
Les mots qu'ils te disaient, leurs baisers et les leurres
Du Temps, aux noms vivants substituant des morts.
Et tu diras combien l'un était désirable,
    Et l'autre aimant, et combien exorable
Et douce à respirer la douce vie alors!...
Aussi, jusqu'à ce que l'Aube vienne et sépare
    La nuit ardente et le jour enlacés,
D'étreinte et de sanglots, ah! ne sois pas avare
    Et ne compte plus tes baisers!
Aime-moi, serre-moi, prolonge mon délice
Jusqu'au jour, ouvre grands, tout grands tes yeux charmeurs,
Repose-toi plus près, appuie sur ton front lisse
    Mon front moite et dis-moi que tu meurs!
Oh! mon sang se retire et tout mon cœur défaille :
Je hennis en humant l'odeur de nos péchés,
Et de tués d'amour comme un soir de bataille,
Tous les chemins d'amour cette nuit sont jonchés!

XV

CONTES DE LA FORÊT

III

LES PETITS ELFES

Si les petits Elfes,
Qui dansent en rond,
Vous barrent la route
Et, d'un liseron
Vous frôlant la joue
Ou d'étoiles bleues
Vous ceignant le front,
Vous disent : « Jeune homme,
Viens, danse avec nous.
Viens, tu verras comme
Il est frais et doux
De fouler la mousse
Sous les chênes roux, »

Faire aux petits Elfes
Trois saluts profonds,
Une révérence,
Comme au chœur en font
Les clercs et les prêtres,
Et d'un ton courtois
Dire : « Je regrette,
Mais à travers bois
Je vais à confesse
Au prochain clocher.
Demain à la messe
Je vais communier. »
Et les petits Elfes
Avec des hou, hou,
Diront : « L'imbécile,
Ce garçon est fou ! »
Mais la route est libre
Et l'espace à vous.
Sans cela dans l'herbe
Vous seriez belette,
Lézard ou hibou !

XVI

PRINTEMPS CLASSIQUE

Debout contre un cippe, au pied d'un portique
Dont un lierre étreint l'épais marbre roux,
Ses doigts caressant sa flûte à sept trous,
Un beau pâtre nu siffle un air antique.

Il siffle ; et les dieux, le ciel et l'Attique,
Et la mer Egée aux flots lents et doux,
Et la terre Hellas, dont il est l'époux,
Vivent dans son rêve et son chant rustique.

Il chante ; et là-bas sur les promontoires,
Dans leurs temples d'or assis dans leurs gloires,
Les dieux t'ont souri, Grec au front pensif,

Et font sur la roche, où ta main les cueille
Pour ta chèvre grasse et ton bouc lascif
Fleurir le cythise et le chèvrefeuille.

XVII

CONTES DU BORD DE L'EAU

LA PETITE ILSE

Pleurez, la petite Ilse est morte.
On l'a mise en un batelet
Tendu de drap noir, à l'ourlet
Brodé d'argent, comme on en porte
A la cour pour le deuil du roi.

Le cadavre d'Ilse a bien froid.
Ilse a les deux lèvres gercées
Et les paumes des mains glacées,
Toute raide en son lit étroit.

De grands oiseaux dans les ténèbres
Tournoient avec des cris funèbres
Autour du cercueil : un muet

Veille le corps blême et fluet,
Et la barque entre les deux rives
Glisse et descend à la dérive.

XVIII

LA MARJOLAINE

On dansait sur le pont du Nord
Et la bise y soufflait si fort
Qu'elle enleva la Marjolaine,

La Marjolaine et la futaine
De sa jupe et ses bas de laine ;
Et le nuage en son essor

La frôlait ; et loin de la ville
La pauvre fille vole et file
Toujours plus dru, toujours plus fort.

Elle tourbillonne et s'écrie :
« Jésus et Madame Marie,
Puisque je vogue vers la mort,

Faites qu'aussitôt étourdie
De ma chute, j'entre brandie
Dans votre ciel étoilé d'or. »

Et sous la nue âpre et glacée
Voilà la prière exaucée.
Au clocher de Saint-Evremond

La Marjolaine, âme éperdue,
Reste tout à coup suspendue
Par un accroc de son jupon.

Par la nuit froide et pluvieuse,
La gargouille silencieuse
Prend soudain parole et lui dit :

« Peu résistante est la futaine.
Songe à ton heure hélas prochaine,
Entends-tu rire le Maudit? »

Et sous le vent rageur d'automne
La belle s'épeure et frissonne
Au-dessus du vide entr'ouvert.

Elle compte dans la nuit brune
Les toits bleuissant sous la lune
Et les saints du parvis désert ;

Et le Maudit déjà ricane,
Quand un parfum monte et s'émane,
D'encens, de benjoin et de nards,

Et, portant à la main des palmes,
Dans l'espace et sous le ciel calmes
Ascensionnent de grands vieillards ;

De grands vieillards en robe blanche,
Dont le front chauve oscille et penche
Sur des chapes de lourds brocarts,

Et puis ce sont par théories
Des vierges en robes fleuries
D'étoiles et de lys épars.

Les fronts sont nimbés d'auréoles.
De longs archanges en étoles
Font cortège, et de purs regards

D'azur sombre, où l'on sent des âmes,
Sillonnent de grands traits de flammes
La nuit, la lune et les brouillards.

Et cela monte avec des psaumes
Et des noëls, anges, fantômes,
De vierges saintes et d'élus,

Et conduit en cérémonie
La Marjolaine à l'agonie
Dans le paradis de Jésus.

XIX

PAUVRES PETITES OPHÉLIES

Pauvres petites Ophélies,
Qui sans batelier ni bateau
Vous en allez au fil de l'eau,
Comme vos Hamlets vous oublient !

Au fond des mornes cabarets
Ils se grisent de vin clairet,
Sans songer si le clair de lune
Baigne d'un reflet sur l'eau brune
Vos aveugles yeux sans regards
De mortes sous les nénuphars.

Petites vierges trépassées,
Jadis, vous fûtes fiancées :
Sous l'eau glauque aux tièdes remous
Dites, vous en souvenez-vous?

XX

BOHÈME IDYLLE

A Jean Richepin.

Au vieux rebord de la muraille,
Où croissent les œillets poivrés,
Les bras sur sa cruche de grès,
Thyrra s'est assise et me raille.

« O le grand nigaud qui travaille,
Au lieu de courir par les prés, »
M'a dit la fille aux yeux dorés,
La fille aux cheveux couleur paille.

« Les gars aimants et vigoureux
Sont les bandits au ventre creux. »
Et, charmante et dépoitraillée,

Me montrant le nu de sa peau,
Thyrra, rose sous la feuillée,
M'a lancé dans l'ombre un couteau.

XXI

NENUPHARS

Pour Théophile Gautier.

Sous leurs feuilles glauques et lisses,
Les blancs nénuphars allemands
Bercent au fond de leurs calices
Des contes païens et charmants.

Le groupe enlacé des naïades,
Sous le fleuve entraînant Hylas,
Y chante à travers les ballades,
Divin écho de l'Eurotas.

L'urne crétoise au flanc sonore,
Que l'eau claire emplit d'un sanglot,
Sous son poids fait sombrer encore
Les lotus nageant sur le flot.

Mais, hélas! par le temps flétries,
Leurs chairs ont pris des tons pâlis.
Mille ans d'amour les ont meurtries.
Les nymphes mortes sont Willis.

Les yeux éteints, la bouche ouverte,
Leurs bras nus sous leur cou ployés,
Leur groupe apparaît sous l'eau verte
Comme une ronde de noyés.

C'est un chœur de mauvais génies,
D'ombre et de suicidés blafards
Qui dans un spasme d'agonies
Valse au-dessus des nénuphars;

Et tout un monde fantastique,
Gnômes et feux follets troublants,
Grouille et chante, où la fable antique
Eût mis des dieux de marbres blancs.

XXII

HYMNE DU SOIR

Pour Paul de Saint-Victor

Diane, ô pâle chasseresse,
Le soir, à l'heure où tout s'endort,
Que fais-tu, rêveuse déesse,
Les bras croisés sur ton arc d'or ?

Le soir, au clair miroir des sources,
Où tes nymphes, les bras sanglants,
Mènent baigner, après leurs courses,
Tes meutes de lévriers blancs.

Que fais-tu de ton cor d'ivoire,
Déesse, et de ton bleu carquois,
A l'heure où les lions vont boire,
Aux étangs sacrés dans les bois?

L'heure est charmante et solennelle.
Une odeur de fauve est dans l'air,
Le tigre rôde et sa prunelle
Met dans l'eau noire un pâle éclair...

Sa voix se traîne rauque et lente...
Tous les instincts des antres sourds
Sont là, rampant dans l'ombre ardente,
Où craquent des pas de velours.

Des biches râlent égorgées
Dans l'ombre, et, sous les nénuphars,
On voit boire à lentes gorgées
Des loups avec des léopards.

Et toi, les bras croisés, farouche,
Tu souris au creux du ravin,
Déesse, et les coins de ta bouche
S'ouvrent, pleins d'un mépris divin.

Les yeux fixés sur tes molosses,
Tu songes aux chiens d'Actéon,
Dépeçant sous leurs crocs féroces
Un cadavre informe et sans nom...

Sous tes paupières abaissées
Des corps meurtris d'adolescents,
Les mains de flèches transpercées,
Montent dans un flot bleu d'encens :

C'est Callisto, vivante encore,
Livrée aux fureurs d'Adonis,
Céphale expirant à l'aurore
Sur le corps neigeux de Procris ;

Dans un cirque ouvert de collines
Les héros, fils de Niobés,
Sous un ciel noir de javelines
Mourant comme des dieux tombés ;

La peste noire aux murs de Thèbes,
Œdipe errant dans la rougeur
Des soirs et la mort des éphèbes
Sous les traits d'Apollon vengeur.

Non, ton rêve est plus loin encore.
Il est là-bas, dans les hauteurs,
Sur le plateau calme et sonore,
Où sont les tertes des pasteurs.

L'OMBRE BLEUE

Comme un aigle errant sur les cimes,
Ta pensée au sommet connu
Voltige au-dessus des abîmes
Et caresse un beau pâtre nu.

Diane aime un gardeur de chèvres ;
Un pâtre-roi du Pélion
Te retient, déesse, à ses lèvres
Et ton rêve est Endymion.

XXIII

LE CYGNE

A Madame Judith Gautier.

Le cygne est divin, son bec rose
Cache un baiser de Jupiter.
L'Amour fit la métamorphose,
La source a subjugué l'éclair.

Sur l'eau transparente et moirée,
Qu'il fend de son corps radieux,
Léda, de terreur enivrée,
Se livre, obéissante aux dieux.

Son bec est sur sa gorge nue ;
Son col, entre ses bras rampant,
Comme un baiser qui s'insinue,
A des souplesses de serpent.

Le fantôme ébloui d'Hélène,
Que vient d'engendrer sur les flots
Le souffle ardent de leur haleine,
Effleure en planant leurs yeux clos;

Et, d'Argus voilant la prunelle,
Le bois sacré sur leur rougeur
Répand son ombre solennelle
Et l'ombre du bois sa fraîcheur.

Sur les amours du cygne antique
La source a coulé trois mille ans,
Usant la marche du portique
Où Léda baignait ses pieds blancs;

Et depuis trois mille ans sans ride,
Dans le miroir du flot glacé,
Le beau corps de la Tyndaride
Resplendit, au cygne enlacé.

LUNAIRES

SIX LUNATIQUES ET SEPT LUNAIRES

« Tu aimeras ce que j'aime et ce qui m'aime : l'eau, les nuages, le silence, la nuit, la mer immense et verte, l'eau informe et multiforme, le lieu où tu ne seras pas, l'amant que tu ne connaîtras pas, les fleurs monstrueuses, les parfums qui troublent la volonté, les chats qui se pâment sur les pianos et qui gémissent comme les femmes, d'une voix rauque et douce. »

(*Les Bienfaits de la lune*). — BAUDELAIRE.

LUNAIRE

A Madame Judith Gautier.

I

Les baisers du clair de lune
Font vibrer dans la nuit brune
Les nains sculptés du beffroi,

Et sur la laideur des masques
Le baiser limpide et froid
Fait pleurer, sinistre effroi,
L'œil effrayant des tarasques.

Les pieds rivés au granit.
Où le destin les condamne,
De leur aile au vent qui plane
Elles battent l'infini,

Et le parapet jauni
Reçoit leurs larmes amères,
Pleurs étoilés de chimères.

LUNATIQUE

II

Dans la brume errante et confuse
Le vieil étang et son écluse
Baignent, envahis de blancheur.

Il pleut et sur la berge humide,
Où rôde à midi le pêcheur,
S'exhale une étrange fraîcheur
De boue odorante et fétide.

Dans la nuit à peine ébauchés,
Un long rideau de roseaux semble
Là-bas, au ras de l'eau qui tremble,
Un bataillon d'hommes couchés,

Et sur tous ces torses penchés,
Comme une femme, entre les nues
La lune émerge, épaules nues.

LUNAIRE

A Madame Judith Gautier.

III

Les neiges du clair de lune
Tombent, argentant la dune
Et la lande en fleurs d'Arvor,

Et parmi les digitales,
Les bras nus et cerclés d'or,
Hécaté bondit encor
Au bruit rythmé des crotales.

Rayonnante et les yeux fous,
Elle effleure la bruyère
En renversant en arrière
Le poids de ses cheveux roux,

Et le parfum âpre et doux
De sa tunique entr'ouverte
Emplit la grève déserte.

LUNATIQUE

A un lunatique.

IV

Sur la vieille ville assoupie,
Comme un chat pêcheur accroupie
Au bord du détroit, clair miroir,

La lune au balcon des nuages
Se penche, emplissant le ciel noir,
Les quais, le port et le musoir
Des rêves et de bleus mirages.

Au bord des toits d'un gris changeant,
Aux pignons des maisons ventrues,
Elle accroche, à l'angle des rues,
Les nudités, dans l'air nageant,

Et dans un bain de vif-argent
Égrène au loin des pirouettes
De lutins et de girouettes.

LUNAIRE

A Madame Judith Gautier.

V

Les flûtes du clair de lune
Emplissent la forêt brune
De leurs accords infinis,

Et, dans l'herbe lumineuse,
Au fond des bois rajeunis,
Avril, ce faiseur de nids,
Écoute, au pied de l'yeuse.

Les yeux fixés au ciel pur,
Il accorde aussi sa flûte.
Et sa chanson monte et lutte
Avec le limpide azur;

Et, sous le taillis obscur,
Les cloches des primevères
Tintent de leurs voix de verres,

LUNATIQUE

VI

Dans l'herbe folle et l'ortie,
La paupière appesantie,
Rôde un chat maigre au poil roux.

Le mur dans l'ombre blafarde,
Où s'entre-choquent des houx,
Se crevasse et par les trous
La lune errante regarde.

Le chat maigre en s'étirant
De sa voix traînante et rauque
Miaule, et dans son œil glauque
S'allume un feu transparent,

Mirage, où, spectre enivrant,
On voit danser toute nue
Hécate, au ciel inconnue.

LUNAIRE

A Madame Judith Gautier.

VII

Les spectres du clair de lune
Par essaims, dans la nuit brune,
Galopent au son du cor.

La macabre cavalcade,
Dans l'ombre emportant Lénor
Qui râle, au ciel hurle encor
Dans les pleurs de la ballade.

A l'horizon nébuleux
On entend rugir la ronde,
Et les chiens de dame Habonde,
Hécate aux temps fabuleux,

Et Falkembourg aux poils bleus
Mène encor parmi l'avoine
La chasse errante du moine.

LUNATIQUE

A Edmond de Goncourt.

VIII

La demeure humide et noire
Est close, un reflet de moire
Baigne le perron désert ;

Et du sommet des grands hêtres
Des paons tout blancs, essaim clair,
Calmes s'abattant dans l'air,
Tombent au bord des fenêtres...

Dans leur suaire argenté
On dirait un troupeau d'âmes,
Ames d'implorantes femmes
Autour d'un logis hanté,

Et le vieux parc enchanté
Est plein de frissons de soie
Et de satin qu'on déploie.

LUNAIRE

A Madame Judith Gautier.

IX

Les refrains du clair de lune
De Burgos à Pampelune
Dansent au ciel espagnol ;

Et de Séville à Grenade,
S'éveillant au ras du sol,
Monte, implorant rossignol,
L'implorante sérénade.

Au fond des vieux Alhambras,
Sous les vagues sycomores,
L'ombre errante des rois Mores
Rêve aux brunes sénoras

Et dans un ciel d'opéras
La lune jaune, en mantille,
Dore les monts de Castillle.

LUNATIQUE

X

La lune est couleur de cuivre,
Le cerf, qu'on entend poursuivre
Au fond des cieux agrandis,

Brame, et dans l'enclos sinistre
Des lépreux jadis maudits,
Sur les tombeaux refroidis,
Ronfle un bruit rageur de sistre.

Dans un grand vase d'Hébron,
L'œil rêveur et satanique,
Une femme sans tunique
Fait bouillir l'eau du Cédron,

Et dans l'ombre du chaudron
Monte en reflets d'améthyste
Le sang de saint Jean Baptiste.

LUNAIRE

A Madame Judith Gautier.

XI

Les rêves du clair de lune,
Frimas blancs dans la nuit brune,
Neigent au bord de la mer.

Sous la falaise, qu'assiège
Un sinistre vent d'hiver,
L'écume éparse dans l'air
Se mêle aux flocons de neige.

Au pied des rocs descellés
Des plaintes et des cris vagues
Montent dans l'ombre et les vagues,
Au sanglot des vents mêlés,

Et blêmes, échevelés,
Des fronts implorants de femmes
Tournoient au loin sur les lames.

LUNATIQUE

XII

La lune au fond des quinconces
Erre, illuminant les ronces
Du parc, illustre endormi,

Et le bassin des Rocailles,
Où rôde un reflet ami,
Songe, dans l'ombre à demi
Plongé, de l'ancien Versailles.

Fille et sœur des dieux augustes,
La lune, en domino blanc,
Glisse et d'un baiser tremblant
Effleure en passant les bustes

Et, sur un rythme très lent,
Au loin sur les gazons jaunes
Tourne une ronde de faunes.

LUNAIRE

A Madame Judith Gautier.

XIII

Les cygnes du clair de lune
Vont glissant dans la nuit brune
Sur le ciel, étang d'argent.

Sur le flot givré des nues
Les cygnes vont surnageant
Et leur plumage changeant
Miroie aux cimes connues.

Sur la chaîne à l'horizon
Des sommets de Thessalie
Leur duvet, neige pâlie,
Tombe et blanchit le gazon

Et, dans l'ombre au bleu frisson,
Le pâtre errant de la Grèce
Voit fuir un char de déesse.

L'OMBRE GLAUQUE

I

LES HÉROS

Pour et d'après Gustave Moreau.

HERCULE AU LAC STYMPHALE

Par des ravins obscurs, où des roches affreuses
Déchirent le zénith de crêtes blêmissantes
    D'un blême flamboiement,
Sous un tourbillon noir de becs et d'ailes creuses,
Le héros svelte et nu s'avance, armes pesantes,
    D'un pas fier et charmant.
Ces étangs empestés et ces falaises mornes
Sous un ciel de colère étouffant, c'est Stymphale
    Et ses essaims maudits.
Leurs innombrables vols à l'horizon sans bornes
Font un nuage d'encre où clame une rafale
    Sinistre.
        Enhardis,
Les hideux carnassiers au long cou de cigogne
Accourent, bande immonde, autour de l'intrépide
    Héraclès à l'œil vert;

Et, tout gluants encor du sang noir des charognes,
Font bruire et claquer leurs grands becs dans le vide
   Avec un rire amer.
Quand, ayant tendu l'arc et renversé le torse
En arrière, le dieu, d'un cinglement de flèches,
   Emplit soudain les airs,
Et, sous le geste sûr et calme de la Force,
Les oiseaux transpercés, telles des feuilles sèches,
   Pleuvent des cieux plus clairs.
Ils tombent en criant, et leur masse sanglante
Fond, tournoie et s'abat en pluie infecte et chaude
   Sous les traits éclatants,
Et le héros ravi suit la chute plus lente
Des blessés s'enfonçant dans les eaux d'émeraude
   Et de plomb des étangs.
Ces lacs empoisonnés et ces falaises mornes
Sous une pluie en sang d'oiseaux morts, c'est Stymphale
   Qu'un dieu jeune et hardi
Vient d'affranchir enfin, et l'Océan sans bornes
Des roches dans la pourpre ardente et triomphale
   Du soir monte et grandit.
Par des ravins obscurs, où des eaux sulfureuses
Fumaient hier encore au pied d'étranges cimes
   Au pâle flamboiement,
Sous un ciel obscurci de cigognes affreuses
Un héros a passé, contempteur des abîmes,
   Intrépide et charmant.

II

MADRÉPORES

(D'APRÈS TROIS GUSTAVE MOREAU)

Au docteur Samuel Pozzi, son très reconnaissant J. L.

I

SAPHO MORTE

La Divine était morte : entre les vagues noires
De ses longs cheveux d'ombre étendue et les yeux
Clos à jamais, Sapho, cadavre harmonieux,
Gisait sous la falaise au pied des promontoires.

Dans des clartés de givre et des frissons de moire,
Montait la calme lune, et ses rais lumineux
Trempaient l'eau transparente, où la fille des dieux
Dormait les bras croisés sur sa lyre d'ivoire.

Au loin, au pied des rocs, pareils à des phalènes,
Des goélands neigeux, qu'argentait un rayon,
Se croisaient, puis fuyaient comme un flot d'ombres vaines

Attirés vers la Morte où, pâle vision,
Un grand oiseau de mer ouvrant deux ailes blêmes
Planait, spectre ébloui de ces vivants poèmes.

II

GALATÉE

Le front ceint de fucus et de corail amer,
Parmi la floraison des glauques madrépores,
Galatée apparaît sous les voûtes sonores
De la grotte, qu'emplit le rire de la Mer.

Des coquilles de nacre et des algues charnues
Se meuvent lentement autour d'elle, et l'azur
De ses grands yeux contemple au fond de l'antre obscur
Des coins d'ombre hantés de frêles formes nues ;

Divinités du gouffre, âmes ou fleurs de chair
Autour de Galatée écloses, foule amie
Veillant et sur la Perle et la Nymphe endormie,

Tandis qu'entre les rocs glisse et luit, morne éclair
De convoitise en rut, la prunelle ennemie
Du Cyclope, batteur et ciseleur de fer.

III

LES SIRÈNES

Sous les frissons nacrés d'un ciel ardent et triste,
Fleurit, hymne adorable en sa mélancolie,
   La chanson des Sirènes.
Un incurable ennui nage dans l'améthyste
De leurs longs yeux, l'ennui du dieu qui les oublie
   Sur ces grèves sereines.
Car le bleu Poseïdon et le cruel Eros,
Au pied de la falaise ont mis, présent fatal,
   Les trois terribles sœurs,
Et, chair magique offerte aux désirs des héros,
Leur beau groupe enlacé, tragique et végétal,
   Attend les ravisseurs.
La solitude a fait leur beauté solennelle
Et, sous l'algue mouvante et la perle et la gemme,
   La suprême ironie,
Qui les cloue au rivage, alanguit leur prunelle
Et met sur leurs fronts las, que ceint un diadème,
   Une lente agonie.
Aimer ! pouvoir aimer ! Tel est leur rêve amer.
Mais, captives des dieux et des temps révolus,
   Haïr l'homme est leur sort ;

Et, dans l'éternité, les Filles de la Mer
Au corps bleuâtre et froid, lavé par les reflux,
    Nous verseront la Mort.
Sous les frissons nacrés d'un ciel ardent et triste,
Fleurit, hymne adorable en sa mélancolie,
    La chanson des Sirènes.
Un incurable ennui nage dans l'améthyste
De leurs longs yeux, l'ennui du dieu qui les oublie
    Sur ces grèves sereines.

URGÈLE

Pour Gustave Moreau.

Au pied de la falaise, où clament des cris vagues,
Sous les arches de pierre, où dans le bleu des vagues
Miroite et reluit l'algue aux longs cheveux errants,

Urgèle aux yeux verts d'onde, aux yeux verts de couleu-
Parmi la floraison des varechs odorants,   [vres
Tend sa main aux baisers des noyés transparents
Et sourit aux instincts des crabes et des pieuvres.

Prise aux reflets du sel et du corail amer,
Une aurore captive emplit les madrépores
Et la rumeur des flux monte aux voûtes sonores,
Où des goélands fous se heurtent, essaim clair.

Sous la porte géante, où sonne un bruit de fer,
Urgèle, assise au bord de sa grotte marine,
Songe et l'odeur des morts dilate sa narine.

LE PAYS DES NIXES

RHEINGOLD

A Madame Judith Gautier.

Perles claires des eaux, d'aube et de joncs coiffées,
Dans le vague du gouffre émergent, lentes fées,
Voguelinde et Flosshilde et l'ombre est leur écrin.

Dans l'onde errante et froide autour de l'or du Rhin,
Au pied du roc énorme, où son éclat sommeille,
Tutélaire et joyeux, leur essor ailé veille
Et leur rire ruisselle irraisonné, sans frein.

« O'rieuse, ô lumière, implore leur refrain,
« Viens allumer la roche aurifère et vermeille,
« Viens, baiseuse de l'or ! » et la clarté s'éveille
Autour du bloc, où tremble un trouble jour marin.

Le clair éveil de l'or emplit, roi souverain,
L'abîme et, saisissant Voguelinde et Velgonde,
Flosshilde autour du maître ouvre et conduit la ronde.

LES HÉROS

III

HERCULE ET L'HYDRE

Dans le dédale affreux des marais, où la Bête
Dresse et darde en huit jets ses huit gueules squammeuses
    Suantes de poison,
Héraclès est entré, le laurier vert en tête,
Précédé par le bruit des victoires fameuses
    Qu'atteste la Toison :

La Toison Néméenne à ses reins attachée,
Rutilante d'or fauve et de rubis gemmée
    Comme un manteau royal,
Et qu'il traîne indolent, de meurtres frais tachée,
Comme traîne après lui la vaine renommée
    D'un prince oriental.

Une odeur de cadavre empeste la ravine
Où s'avance, hautain et beau de nonchalance,
    Le fils aimé de Zeus.
Le héros a froncé sa narine divine ;
Il songe, ayant fleuré l'atroce pestilence
    Du charnier fastueux,

Du tragique monceau purulent et bleuâtre

Des victimes de l'Hydre, amas saignant de plaies
    Et de fluentes chairs :
Chairs de guerrier, de fils de rois et chairs de pâtre
Tombés tous, l'épouvante au fond des mornes taies
    De leurs yeux grands ouverts.
Et le cœur du héros justicier se soulève
Et sa poitrine gronde, et le monstre de Lerne,
    Qui l'observe accroupi
Dans l'herbe, se déploie et rampe et, dans un rêve
Effroyable, se dresse au seuil de la caverne,
    Gigantesque, et glapit.
Et le multiple jet des têtes de couleuvre
S'exaspère, se tord, bave, siffle et s'élance
    En replis verts et bleus,
Et la Bête, pareille à quelque horrible pieuvre,
Irradie autour d'elle un tournoiement immense
    De serpents fabuleux.
Le seuil de la caverne, où de vagues squelettes
S'animent, réveillés au bruit de la massue
    Qui se lève et s'abat,
Gémit comme une enclume; au loin, de violettes
Faces de trépassés raillent l'Hydre qui rue
    Ses têtes au combat.
Un cliquetis de fer ébranle ses écailles
Où coule en pleur jaunâtre une sueur fétide,
    Et parmi des lueurs,
De ses flancs transpercés, qui lâchent leurs entrailles,

Jaillit à chaque plaie un autre jet livide
        De serpents en fureur;
Quand, retombant soudain sur la Bête érigée,
Tel un grand lys de flamme au-dessus de la vase
        De ces marais de Mort,
La masse aux clous d'airain foudroie l'Hydre figée
D'horreur et, d'un seul coup, la disperse et l'écrase
        En l'éclaboussant d'or.
Par le dédale affreux des marais, où la Bête
Dardait encore hier ses huit gueules fumeuses
        Suantes de poison,
Héraclès a passé, le laurier vert en tête,
Précédé par le bruit des victoires fameuses
        Qu'atteste la Toison.

L'OMBRE D'OR

LES HÉROINES

Lys de splendeurs et de mensonges,
Eclos au seuil des vieux palais,
Au son des harpes, dans les songes
Des mystiques chanteurs de lais,

Des femmes, reines enivrantes,
Princesses aux yeux ingénus,
A l'éclat des tresses errantes
Mêlant l'éclat de leurs seins nus,

Les Héroïnes, fleurs divines,
Au bruit savant des rythmes d'or,
Sous la pourpre et les perles fines
Consentent à renaître encor.

Moulant dans d'étroites simarres
A fantasques et lourds dessins
Leurs bras surchargés d'anneaux rares
Et la souplesse de leurs seins,

Dans l'ombre des Brocéliande
Pleine d'embûches et d'effrois,
Leur troupe magique enguirlande
Les preux et leurs blancs palefrois.

Leurs yeux troublants d'aigue-marine
Ont le languide attrait des flots.
Les lys en feu de leur poitrine
Sèment la guerre et les sanglots.

Leur lèvre est rouge et leurs fronts pâles;
Et, sous le hennin couleur ciel,
Leurs cheveux roux, semés d'opales,
Bondissent en flots d'hydromel.

Les Héroïnes sont farouches.
Il faut des meurtres et des morts
Pour atteindre au miel de leurs bouches.
Leurs lents baisers sont des remords.

Les batailles, les épopées,
Les trahisons, les vains serments,
Mieux qu'au clair fracas des épées,
Revivent dans leurs noms charmants.

Mélusine, Yseulte, Genèvre,
Triste comme un appel de cor,
Leur nom baise et meurtrit la lèvre...
Qui l'a dit le redit encor ;

Et, s'animant dans l'ombre noire,
Où leur cœur est enseveli,
Les Héroïnes, dans leur gloire,
Jaillissent du féroce oubli.

La tunique entr'ouverte aux hanches,
L'or des cheveux en fusion,
Les sveltes reines aux mains blanches
Surgissent lente vision.

La clarté du songe les baigne,
Allumant en humide éclair
Les perles rondes de leur peigne
Et les tons nacrés de leur chair ;

Et, dans les feuilles trilobées
Des chardons bleus et des lys d'or,
Des reines au temps dérobées
Le clair essaim triomphe encor.

ENILDE

Sous la fine archivolte en granit rose assise
L'humble Enilde, Enilda dont le père est Yniol,
File au rouet la laine ; à ses pieds un grand vol
De clématite en fleur s'effeuille dans la brise.

Enilde songe à l'âtre empli de cendre grise,
A sa tunique à trous qui se déchire au col,
Aux fleurs qui vont bientôt, mortes, joncher le sol
Avare, aux jours plus courts, à sa mère indécise.

Enilde songe au lin trempant dans le lavoir,
Au troupeau dans l'étable et soupire sans voir
Qu'entr'ouvrant doucement le volet qui l'abrite,

Un prince, un fils de rois a fait halte au manoir ;
Et dans l'ombre à ses pieds, tel un fragile espoir,
Blanche étoile au cœur d'or, s'ouvre une marguerite.

ELAINE

L'allée est droite, obscure et pleine de pervenches.
Dans le corsage étroit d'une robe à longs plis
Et, les deux bras chargés des lys qu'elle a cueillis,
La svelte et pure Elaine apparaît dans les branches.

Un essaim de ramiers rôde autour de ses hanches,
Blanc essor attiré par la blancheur des lys.
Au loin, sur un ciel rose et vert aux tons pâlis,
Le manoir d'Astolat et ses tourelles blanches.

Elaine aux yeux d'aurore, au rire humide et frais
A sa place marquée au jardin des cyprès ;
Elaine avec les lys sera morte à l'automne.

Elaine est destinée aux éternels regrets ;
Et, présageant l'ennui d'une fin monotone,
Pâle et froide à ses pieds fleurit une anémone.

VIVIANE

Dans le hallier magique où rougit la framboise,
Nue et les seins pourprés entre ses cheveux roux,
Viviane la fée ouvre ses grands yeux fous,
Enivrants comme un philtre et couleur de turquoise.

Elle a dompté Myrdhinn et les preux, la Galloise.
Son babil puéril, ses baisers lents et doux
Un à un ont ployé les rois à ses genoux,
Ses clairs genoux frottés de myrrhe et de cervoise.

Aussi pour mieux marquer sa gloire et son dédain,
Sur sa crinière d'or elle a du vieux Myrdhinn,
Mage et preux, arboré la couronne et le casque.

Le casque a pour cimier un mufle de tarasque,
La Dame a pour défi son mépris souverain
Et sous son rouge orteil jaillit un lys fantasque.

MÉLUSINE

Les bras nus cerclés d'or et froissant le brocart
De sa robe argentée aux taillis d'aubépines,
Mélusine apparaît entre les herbes fines,
Les cheveux révoltés, saignante et l'œil hagard.

La splendeur de sa gorge éblouit le regard
Et l'émail de ses dents a des clartés divines ;
Mais Mélusine est folle et fait dans les ravines
Paître au pied des sapins la biche et le brocart.

Depuis cent ans qu'elle erre au pied des arbres fées,
Elle est fée elle-même ; un charme étrange et doux
La fait suivre à minuit des renards et des loups.

Ses yeux au ciel nocturne enchantent les hiboux,
Et près d'elle, érigeant ses fleurs en clairs trophées,
Jaillit un glaïeul rose à feuillage de houx.

YSEULTE

Parmi les trèfles d'or et les roses d'émail,
Peinte avec des yeux verts et des cheveux de cuivre
Sur un ciel d'ocre pâle, Yseulte clôt le livre,
Dont six noms de princesse ornent l'épais fermail.

Sa bouche, où le sang frais luit et perle en corail,
Dit et son fauve amour et son ardeur de vivre.
L'œil sombre, où flotte un rêve impossible à poursuivre,
A le regard voyant des saintes de vitrail.

Aux mornes dévouements, comme aux crimes hardie,
Elle est l'instinct aveugle, elle est la perfidie.
Sa haine est un breuvage au sang des dieux pareil.

On sent qu'un rouge amour la brûle et l'incendie,
Et, fleur de feu comme elle, auprès de son orteil,
Flambe et s'épanouit un jaune et clair soleil.

LORELEY

A Leconte de Lisle.

La pertuisane au poing et la culotte à braies
Bien bouffante au genou, tous sont là sur deux haies,
Fiers et le nez au vent, reîtres et brabançons ;
Tandis que la canaille et les mauvais garçons
De la ville font rage, huant la belle gouge
Dont la porte est dorée et dont le seuil est rouge.
Sur un brancard au fond sont entassés les morts
De la nuit ; l'un d'entre eux a dans son justaucorps
Jusqu'à vingt grands trous noirs, du noir saignant des
[mûres.
La grande place au loin est pleine de murmures
Et de voix ; d'heure en heure un gros de cavaliers
Vient se ranger dans l'ombre auprès des étaliers
Et, tout autour au bord des lourdes balustrades,
Des visages bouffis de bourgeoises maussades
Se penchent sur la foule en se montrant de loin
Le logis de la belle… et ce ne sont que poing
Tendu vers la poterne et voix accusatrice,

Maudissant la lenteur des gens de la Justice,
Quand chacun tout à coup ôte son chaperon
Et se tait... car voici qu'au milieu du perron
Tous les yeux ont vu poindre et resplendir l'Aurore,
L'Aurore en pleine vespre... et c'est la belle Lore,
Qui descend l'escalier, un nimbe de rayon
Autour d'elle et les yeux sous un clair escoffion,
D'où coule en ruisseaux d'or la fine orfèvrerie
De ses longs cheveux roux.
     Dans sa robe fleurie
De gros rinceaux d'or vert sur un fond couleur ciel,
Lore descend : sa lèvre a la douceur du miel
Et tous ont oublié l'orgie et le massacre ;
Car Lore a de grands yeux bleu vert, des chairs de nacre
Et Lore dans sa robe a gardé ses bras nus.
Tous ont le cœur serré, tant ses yeux ingénus
S'ouvrent purs, le bourreau s'ennuie et les gens d'arme
Sous leurs sourcils pleins d'ombre ont l'éclair d'une larme.
A la suite de Lore ils marchent le front bas.
La foule, elle, est autour ; on emboîte le pas,
On s'écrase le coude et le cortège arrive
A la maison de ville, où l'on baille censive
Et charges aux marchands.
     Le Conseil est dehors
Et tout le grand portail est tendu de draps d'ors,
Comme au jour où le roi vint loger dans sa ville.

Sur le haut des degrés un vieillard immobile,
Le sire gouverneur, attend les yeux rougis.
Ce vieillard est un père... il n'avait qu'un seul fils,
Qui pour l'amour de Lore est mort dans la tuerie
De la nuit ; tout à l'heure une mère en furie
L'adjurait de venger leur fils et les aïeux
En lui morts, et la femme est là devant ses yeux.
« Seigneur, punissez-moi, dit la belle, un abîme
Est ouvert sous mes pas, où je roule, victime,
Entraînant avec moi dans l'opprobre et l'affront
Tous ceux qui m'ont aimée... et ceux qui m'aimeront.
Les cadavres saignants sont encore à la porte...
Comme mes amis morts faites que je sois morte.
Je le sais... mon trépas ne saurait les guérir ;
Mais au moins verront-ils que j'ai voulu mourir
Pour les suivre... Pourtant, sire, ayez remembrance
Que je suis femme, jeune et molle à la souffrance.
Mon bon sire et seigneur, qu'on me fasse périr...
Mais, au nom de l'Amour, sans me faire souffrir. »
Et la fille à genoux se traînait sur les dalles.

Alors lui, dégageant ses mains froides et pâles
Des bras nus de la belle, entre ses cheveux roux
L'implorant, prit un siège et dit : « Quelqu'un de vous,
Bourgeois, noble ou manant, assistait-il au crime ?
Qu'il avance hardiment et cite la victime,

'heure, le lieu, j'écoute », et nul ne répondit ;
Et le vieillard pensait : « Peuple idiot et maudit,
Dont la bestialité s'attendrit à la vue
D'un escoffion de perle et d'une gorge nue ! »
Et par trois fois il fit trois appels différents
A la foule.
       Un vieux reître enfin sortit des rangs
Et s'avança, l'air gauche et la mine effarée.
— J'assistais de l'office à leur échauffourée,
Monsieur le gouverneur... les brocs étaient vidés
Et l'on allait partir... un maudit coup de dés,
Qui devait décider de la nuit de la belle
Et de qui resterait, amena la querelle,
Car la fille est tournée à faire des jaloux.
De propos en propos, comme on en vint aux coups,
Monseigneur le conçoit... or, comme la bourelle
S'épeurait, on sortit pour causer sans chandelle.
Ils vinrent tous les dix au pied de l'escalier
Et chargèrent... Mort Dieu !... quel cliquetis d'acier !
J'en avais chaud au cœur... la fille à demi-morte
Elle, clamait à l'aide, au meurtre, à moi, main-forte...
Beaux cris... page et valets, léchant en haut les plats,
N'avaient cure en effet de courir au trépas !
Et voilà... qu'aujourd'hui la pauvre enfant s'accuse,
Je m'y perds, ses galants la tenaient fort recluse :
Elle vivait à l'ombre et ne sortait qu'aux jours
De fêtes... on la croit sujette au mal d'amours

Ou du moins les bourgeois le disent par la ville.
Pour moi, je la crois folle et de mœurs incivile,
Mais incapable, hélas! de chagriner autrui,
Bien au contraire... enfin qu'on l'accuse aujourd'hui.
Moi je l'ai toujours plainte et je la plains encore. »
Et la place éclata de rire autour de Lore ;
Le peuple applaudissait au récit du soldat.

Le sire entre ses dents grommela : « Renégat. »
Puis, se tournant enfin vers la femme accroupie
A ses pieds: « Tu l'entends, fille d'ignominie,
Cracha-t-il au visage effaré de l'enfant,
Ce peuple idiot t'absout, retourne où l'on t'attend.
Tes crimes ne sont pas de ceux qu'un honnête homme
Peut juger ; hors d'ici, sorcière, c'est à Rome,
Au fond des in-pace, sur un bûcher bénit
Qu'il faut aller pieds nus purger ton cas maudit !
Va-t'en, ne croupis pas plus longtemps sur ces dalles. »
Et, l'œil étincelant, il rentra dans les salles
Du Conseil, et l'enfant resta seule en dehors.

Alors, s'étant levée avec de longs efforts,
Les trabans dispersés, sans escorte, atterrée,
Lore se trouva seule et la foule altérée
Faisait cercle autour d'elle... Alors l'enfant eut peur.
Les yeux fixes, sans voix, béante de stupeur,
Elle écouta monter les cris et les blasphèmes,

Les menaces de mort et les mille anathèmes
Que clame autour des rois un peuple de bourreaux :
Et, saisie, entraînée à travers les carreaux
Des marchés en plein vent, des places et des rues,
Rapides visions dans un rêve apparues,
Comme un fétu de paille emporté par les flots,
Elle ne prit haleine et n'ouvrit ses yeux clos
Que debout sous un porche obscur de cathédrale.
Là, dans un chœur immense, où traînait comme un râle
L'attristant et profond sanglot des orgues sourds,
Un homme était assis sous un dais de velours,
Un évêque ; à ses pieds des encensoirs d'ivoire
Voltigeaient en cadence et la nef était noire
De peuple... Aux grilles d'or, où dorment les tombeaux,
Des femmes se pressaient dane l'ombre, et cinq tréteaux
S'y dressaient, pleins de vagues et de choses funèbres.
Alors s'étant penchée, au milieu des ténèbres,
Au-dessus de la grille et des femmes en deuil,
Lore, blanche d'horreur, aperçut dix cercueils,
Ceux de ses dix amants pour elle occis la veille.
Alors, claquant des dents sous sa toison vermeille
Dénouée, au milieu des prêtres, de l'encens,
Lore, l'œil ébloui, Lore, soûle de sang,
Vint avec un grand cri, qui fit trembler la vitre,
S'abattre aux pieds du prêtre interdit sous sa mitre :

« Seigneur, condamnez-moi, frappez-moi, j'ai péché !

Le crime de ma vie à tous les yeux caché
Eclate au jour, mon œuvre est criminelle, atroce.
Tous vos fils ont saigné sous mon baiser féroce,
Braves gens, j'ai comblé les bières que voici.
Frappez-moi, mais de grâce emmenez-moi d'ici !
J'étouffe... ces piliers drapés de noir, ces bières,
Ces cierges flamboyants, ces femmes en prières
M'épouvantent, j'ai peur... Vos cantiques sacrés
Me font mal : j'ouvre en vain mes bras désespérés
Et veux prier encor ; mais non, je suis sorcière.
Je suis maudite, hélas !... le ciel et sa lumière
M'exaspèrent et j'ai la même horreur de moi
Que ce peuple affolé, qui me conduit vers toi.
Évêque, écoute-moi, sauve la race humaine !
Frappe-moi, mais de grâce ordonne qu'on m'emmène.
Le sang me monte aux yeux, j'ai honte de parler. »
Et l'évêque effrayé de l'entendre râler
A pas précipités descendit de son trône,
Penché sur ce beau corps et ces cheveux d'or jaune.

Les diacres autour d'eux, lâchant leur encensoir,
Sur les stalles du chœur étaient montés pour voir.
Et l'évêque alors dit : « C'est une visionnaire !
A-t-elle des parents ? — Seigneur, elle est sans mère.
— Et sans frère ? — Elle est seule et vit à l'abandon :
C'est Lore ! » Et le prélat en entendant ce nom

Tressaillit, car jamais la blanche courtisane
N'avait frappé ses yeux.
« Qu'un autre te condamne,
Dit-il, je ne saurai te faire mettre à mort.
Va-t'en dans un couvent, rase ces cheveux d'or,
Enfouis à tout jamais ce visage de neige
Et l'éclat de ces yeux, où règne un sortilège,
Car j'y sens malgré moi la douceur d'un baiser.
C'est le seul châtiment que je puis t'imposer,
Le silence et la nuit sur la beauté fameuse,
L'oubli sur le scandale. « Et dans l'ombre fumeuse
Des cierges flamboyants autour du maître-autel,
L'évêque s'enfonça rêveur et solennel.

II

Au pied des vieux remparts vides de sentinelles,
Où flotte au vent des soirs l'or brun des ravenelles,
Quelle est donc cette femme au front humilié,
Qui rampe et se dérobe aux yeux ?
                              Le cou plié,
Trois grands estafiers roux, le dos rond sous leur pique,
La suivent en silence et font un groupe épique
Au pied de ces grands murs de cloître et de couvent,
Où les lierres en arbre ont seuls l'aspect vivant.
Le ciel frémit au loin de vagues sonneries
D'angélus, et le long des murailles fleuries
Les trois hommes muets se traînent accablés.
Parfois par une brèche on voit au loin des blés,
Des cultures en friche et le Rhin dans la plaine :
Et les hommes font halte et reprennent haleine,
Car la descente est raide et le pavé brûlant,
Et le soleil d'août calcine et chauffe à blanc
La ruelle poudreuse au creux de la ravine.

La femme, elle, en silence et morne s'achemine.
Parfois son manteau s'ouvre et, comme un ruisseau clair,
On voit frémir sa robe à grands rinceaux d'or vert,
Sa robe d'azur pâle et ses cheveux d'aurore,
Et le cœur des bourreaux se serre ; car c'est Lore,
Lore la blonde fille au pur et doux regard,
Qui par l'âpre sentier, qui longe le rempart,
Descend sous bonne escorte au milieu des gens d'armes
Le chemin de l'exil.   Ses yeux n'ont plus de larmes,
Fixés droit devant elle et sur l'abîme ouvert.
Le monde inexorable aux innocents qu'il perd
La repousse et bannit : ni pardon ni justice.
Tous et le gouverneur et l'évêque complice,
Tous, jusqu'au cloître obscur qui s'ouvre à l'assassin
L'ont, comme un fruit pourri, jetée hors leur sein,
Et, le front écrasé sous son ignominie,
Lore qu'un prêtre épargne et qu'un peuple renie,
Sous le soleil de plomb descend, lasse de tout.

Le cœur plein de rancune ancienne et de dégoût,
Savez-vous où s'en va dans sa robe fleurie
Loreley ? — Dans l'enclos d'une léproserie ;
Et c'est là l'avenir atroce et douloureux
De cette enfant : vieillir au milieu des lépreux,
Panser des corps saignants et nettoyer des plaies.

Autour d'elle les nids gazouillent dans les haies
Et les coquelicots flambent dans le blé mûr ;
Car la ville est déjà loin derrière ; son mur
D'enceinte au loin s'efface... Une brise plus forte
Emplit les champs d'avoine, et la petite escorte,
Dont l'ombre noire au loin grandit sur un ciel d'or,
Voit déjà, comme un pâle et fabuleux décor,
La ville avec ses toits et ses clochers d'or grêles
Pareille à ces châteaux hérissés de tourelles,
Qu'au fond des vieux missels on voit peints sur vélin.

Le front pâle, arrêtée au tournant du chemin,
L'enfant alors fit halte... avec effroi, comme ivre,
Son regard embrassa sous le grand ciel de cuivre
La ville et ses clochers d'ardoise, ses remparts
Croulants. Soudain reprise aux souvenirs épars
De son enfance, au charme attendrissant des choses,
Le passé, ce poème inoublié des roses
Qu'on effeuille et des dieux à jamais envolés,
L'envahit et, debout dans le sentier des blés,
Lore revit au fond de ses rêves sans nombre
Le logis paternel, un vieux logis plein d'ombre,
Perdu dans un faubourg bruyant et populeux,
L'aïeul, un grand vieillard au front chauve et frileux,
Toujours blotti dans l'âtre entre les deux gorgones

Des chenets, puis la chambre aux vitraux hexagones,
Tout fleuris de lys pourpre, autant de feux vermeils,
Dont l'aube en se levant égayait ses réveils,
Le pot de basilic au coin de la fenêtre,
Puis le premier amant... après le jeune reître,
Un capitaine et puis maint riche et beau seigneur !
Où gisaient maintenant les lys de son honneur !
Fille de tous maudite et par tous reniée !
Alors, tournant ses yeux ardents de suppliciée
Vers ses trois compagnons, las de tous ces retards,
Lore eut la force encor d'implorer ces soudards,
Et, calme, détachant de sa blanche poitrine
Ses lourds colliers d'or fin, dont un d'aigue-marine :
« Laissez-moi, leur dit-elle avec sa douce voix,
Laissez-moi contempler une dernière fois
Les murs de ma Cité, de ma chère patrie.
Ces quelques joyaux d'or et cette orfèvrerie
Vous dédommageront du retard apporté.
C'est un dernier adieu, l'extrême volonté
D'une exilée... Avant que le soleil décline,
Je voudrais m'arrêter là-bas sur la colline
Qui surplombe le fleuve, et là dans mes regards
Emporter avec moi le pays dont je pars,
Mon enfance, ma vie... un caprice de folle,
Qui, vous, vous fait sourire et dont l'âme frivole
Des femmes se nourrit ou meurt ! le voulez-vous ? »
Et ses yeux en parlant étaient devenus doux,

Attirants et vainqueurs comme au temps où, maîtresse
Des ducs et des barons, elle versait l'ivresse
De sa beauté divine à l'empire ébloui,
Et les trois estafiers lui répondirent : « Oui. »

Elle alors, sur la roche énorme étant montée,
Sourit à ses bourreaux et, de gloire exaltée,
Plus blanche qu'une perle à travers l'or vermeil
Du couchant, ses cheveux répandus au soleil :
« Puisqu'il n'est plus pour moi ni pardon ni justice,
Je te quitte et t'absous, monde infâme et complice,
Et je m'en viens à toi, refuge souverain
Des malheureux, dit-elle, à toi, vieux fleuve Rhin. »
Et, croisant sur son cœur ses bras nus de victime,
La belle se pencha rêveuse sur l'abîme
Et s'y laissa couler le front extasié.

Les trois estafiers roux, eux, accroupis au pied
De la roche, estimaient les joyaux de la belle,
Et le fleuve emportait au loin la criminelle.

LES CAPTIVES

A travers les récits épiques
Et les combats retentissants
On voit passer au vent des piques
Des femmes aux seins pâlissants.

Sous leur paupière humiliée
Leur regard haineux garde encor
Les feux de Troie incendiée,
Croulant au son brutal du cor.

Leur torse a des splendeurs de nacres
Sous leurs mouvants cheveux d'or clair
Et la rouge horreur des massacres
S'allume aux clartés de leur chair.

Sous leur ceinture ciselée
Et les anneaux de leurs bras ronds
Leur beauté triste et résignée
D'Eros a bu tous les affronts.

Présent fatal d'Eros aux braves
Et par les braves dédaigné,
Leur beau corps du maître aux esclaves
Passe tour à tour outragé.

Aussi leur chair indifférente,
Lasse de fatigue et d'amour,
A chaque amant plus transparente,
Se fane et pâlit chaque jour.

Ces pâleurs de fleurs maladives,
L'éclat de ces yeux sans sommeil
Sont votre parure, ô captives,
Filles de fange et de soleil.

La chair de vos blanches poitrines,
Meurtrie aux caresses d'Eros,
A gardé des saveurs divines
Où revit l'âme des héros.

Puisse cette saveur de crime,
Exhalée entre vos seins blancs
Captives, imprégner mon rythme
De leurs parfums chauds et troublants.

18.

Βρισεύσ

Briseïs a seize ans : son front veiné d'iris
A la douce pâleur des aubes matinales
Et ses pieds transparents aux doigts cerclés d'opales
Font rêver au calice étincelant des lys.

Elle songe au Scamandre où dans les joncs fleuris
Elle se baignait nue, au temple aux larges dalles,
Où ses pieds bondissaient au son clair des crotales,
Ses pieds nus, aujourd'hui de lourds joyaux meurtris.

Elle revoit en rêve au fond des crépuscules
Le chœur plaintif et doux des blanches hiérodules,
Chantant l'hymne du soir sous les cieux solennels.

Et, triste au souvenir de ses vœux éternels,
Sous ses bras nus d'enfant, serrés de bandelette,
Pour mieux pleurer sa honte, elle voile sa tête.

Ἀνδρομῆδη

Comme un beau lys de neige emporté dans des algues
Sur la grève au soleil vient mourir desséché,
Andromède gémit, debout au bord des vagues,
Nue et tordant ses bras aux parois du rocher.

Sous les feux du couchant le sable, ardente lave,
Brûle ce torse vierge au rivage attaché
Et la dune est déserte et le monstre qui bave
S'avance avec le flux et semble s'approcher.

L'œil fixe, elle agonise et râle, inerte, en proie
A l'horrible épouvante et son beau cou qui ploie,
Se gonfle et se meurtrit au lourd carcan de fer.

Et tandis qu'elle meurt, saignante échevelée,
Formidable et puissant, monte et surgit dans l'air
Le groupe de Pégase et du divin Persée.

Ανδρομαχη

Assise à la clarté tremblante des étoiles
Sur la haute terrasse au palais de Pyrrhus,
Andromaque sourit à ceux qui ne sont plus,
Et la brise des nuits fait palpiter ses voiles.

Une ceinture d'or aux riches ciselures
Met une flamme claire autour de ses seins nus,
Et dans ses yeux de veuve aux ardentes brûlures
Nage le deuil amer des regrets superflus.

Son regard suit encore à travers la carrière
L'épique tourbillon de gloire et de poussière
Où flamboyait jadis le char ailé d'Hector;

Et pensive, inclinant le cou sur sa poitrine,
Elle embrasse, elle étreint sur sa gorge divine
Le front pâle et charmant d'Astyanax qui dort.

Ἔννοια

Quand elle errait pareille aux jeunes immortelles,
De son rire sonore exaspérant Pâris,
De vagues chaînes d'or sortaient de ses prunelles,
Et ses pieds nus foulaient des corps d'amants meurtris.

Quand la galère grecque aux rivages fleuris
De Sparte ramenait l'épouse criminelle,
La même clarté vague, étrange et solennelle,
Riait sous sa paupière aux yeux des rois surpris.

Depuis elle a dansé sous le porche des bouges,
Toute nue et tendant sa bouche aux lèvres rouges
Des portefaix de Rome et des athlètes roux.

Les baisers des Césars ont mordu sa poitrine
Et, dans ses yeux rougis, noirs et meurtris de coups,
La clarté rit toujours éternelle et divine.

Κασσανδρα

Le cœur gros de sanglots, lasse d'ignominies,
Kassandra la prêtresse erre auprès des flots verts.
Captive, elle en comprend les sombres harmonies
Et se tait, l'œil fixé sur l'infini des mers.

L'horrible amour des rois, les lentes avanies
De l'exilée errant loin du foyer désert
Et les dédains altiers des reines ennemies
Ont fait ses yeux de flamme et son profil amer.

Debout, les bras croisés sur sa robe de soufre,
Kassandre est là sans voix ; l'attrait fatal du gouffre
Plaît à son regard trouble où nage un deuil puissant.

Ses regrets, comme un crible où goutterait du sang,
Grain à grain dans les flots laissent tomber leur cendre
Et Kassandre avec eux sent son âme descendre.

Κρεσσίδα

Kressida la Troyenne a le regard pervers.
Un désir jeune et fou dilate sa narine,
Et dans son œil perfide aux mobiles éclairs,
Rit la verte clarté de la vague marine.

Sous les baisers des rois assoiffés de sa chair,
La lèvre humide et rouge et sa blanche poitrine
Ont pris une saveur troublante, un goût amer,
Et son torse a des tons polis de nacre fine.

Les beaux jeunes guerriers de Troie, Hector, Pâris,
Troïlus l'ont aimée et fait râler jadis.
Pour chacun d'eux sa bouche avait un fier sourire.

Maintenant Kressida rit au fils de Thétys.
Et, lascive au murmure attendri d'une lyre,
L'enivre de ses yeux clairs et froids d'hétaïre.

LA DOULEUR DU ROI WITLAW

A Victor Hugo.

Le roi Witlaw le chauve, exarque de Finlande,
Est triste. Il a pourtant sur la côte normande
Trois cents vaisseaux d'érable à la poupe d'or pur,
Qui le font roi du golfe, et neuf îles d'azur,
Perles du gouffre amer, étoilent sa couronne.
Anolt, Fionie, Helgoland la Saxonne,
Lui paient tribut de cuivre et d'étain, les Œlands
Avec le port d'Ascren cher aux vieux rois normands
Sont sa part de conquête; et les îles Baltique
Font une aube de gloire à son casque héraldique,
Que surplombe au cimier l'aigle noir d'Imanus.
Il a Mona pour trône; et la vieille Aarhus,
Dont les bleus horizons sont pleins de campaniles
Et de mâts frissonnants dans l'espace, est sa ville.

Debout parmi les flots et bravant leur effort,
Vingt colosses de marbre en observent le port,
Ressuscitant chacun les héros de la race,
Dont Witlaw est le fils, et, quand à la terrasse

Witlaw, roi des Saxons, vient s'accouder, les soirs,
Au milieu des parfuns mourants des encensoirs,
Il a pour horizon dans la splendeur du rêve,
Vaste échiquier de pierre oublié sur la grève,
Aarhus endormie aux pieds des rois géants.

Pourtant Witlaw est triste. Assis parmi ses grands,
Il est là qui se tait, lourd de pourpre et d'hermine,
Et sa barbe neigeuse inonde sa poitrine
Toute blanche. Il soupire. Il ne peut oublier
Qu'il a quatre-vingts ans et n'a point d'héritier,
Que sa race finit à Bertrade la blonde,
Que Bertrade est mourante et qu'il n'a qu'elle au monde
Pour relever le nom ; il songe qu'il est seul :
Les doigts noirs des valets lui coudront son linceul
Et de son lit de mort il verra, blanc fantôme,
Aux mains des fiers vassaux s'en aller son royaume,
Sa ville, sa couronne, et son nom dans l'oubli
S'éteindra, nimbe d'or entre ses doigts pâli,
Emportant avec lui la splendide épopée
Des aïeux, désormais la main sur leur épée
Écroulés dans l'oubli du repos éternel.
Or, un soir qu'il songeait, plus triste et solennel
Que la veille, affaissé contre la balustrade
De la haute terrasse et le nom de Bertrade
Aux lèvres, le vieux sire, au fauve et lent rayon
Du couchant qui tombait, eut cette vision

L'ombre des rois géants, s'allongeant sur la grève,
Montait dans la stupeur effrayante du rêve
Aux balustres de pierre, où Witlaw chaque soir
Venait pleurer, et là formaient un grand pan noir
De ténèbre, où soudain, dans la clarté des songes,
Un spectre, un être affreux d'horreur et de mensonges
Se dégageait livide, inouï, surhumain,
Dieu tenant à la fois du géant et du nain,
Géant au bras noueux, nain grêle au front difforme.
Un casque d'or verdâtre, ailé d'or mat, énorme
Ceignant sa tempe humide, où couraient des lueurs.
Glauque et verte, sa peau moite avait des sueurs
Pâles, d'où s'exhalait une âcre odeur marine ;
Et des crânes humains jouaient sur sa poitrine
En lourds colliers.   Les bras croisés et les yeux clos,
D'une voix lente et qui semblait sortir des flots,
Le nain prit la parole et dit au roi stupide :

« Sigur, fils de Wotan, fils d'Ymer, fils d'Enide,
Fut grand et fort ; son glaive et son casque étaient d'or.
En deux ans il soumit les peuplades d'Arvor
Et mourut ; après lui vint Cédric le rigide,
Son bras était d'acier, et sa barque rapide
Aborda la première au rivage breton.
Les vieux harpeurs gallois ont conservé son nom.

Hastings, qui fut son fils, lui, ramena des rives
Des Saxons tout un peuple en larmes de captives,
Si nombreux, que chacun des jarls en avait trois
Pour leur servir à boire ; et les bâtards du roi
Pullulaient plus serrés que les sables des grèves.
Wilfrid après mille ans étonne encor les rêves
Des soldats attardés aux nocturnes récits.
Harold, Yniol, Gérain furent grands, ses deux fils
En valaient trente ; Otto derrière ses armées
Traînait, pieds et poings liés, les pâles renommées.
Macumer fut terrible et dur, les rois du Nord
Se couchaient à plat ventre en entendant son cor
Appeler la famine et l'effroi dans les landes.
Le grant Kanut emplit à lui seul vingt légendes.
Quand, les soirs de bataille, il passait dans les rangs
Des morts restés debout, ses genoux durs et blancs
Luisaient et son cheval avait le poitrail rouge.
Avant Héric le noir, l'Irlande était un bouge.
Héric vint et prenant le barbare aux talons,
Lui rompit la cervelle, Edryn aux cheveux blonds
Était un gars farouche et terrible aux pucelles.
Des femmes se tordaient sur l'arçon de sa selle.
En dix mois il força vingt villes et viola
Douze filles de rois, dont celle de Béla,
Roi de Spire, et qui fut depuis duchesse en Flandre.
Comme un bois de sapins au vent froid de Décembre,
Les harpes de granit des vieux scaldes chrétiens

Se brisaient au seul nom d'Odrus, roi des païens;
Car le glaive d'Odrus faisait fleurir les plaines,
Toujours humide et frais du sang pur de ses veines,
Et les corbeaux volaient autour de son cimier.
Enfin de tous ces rois le fils et le dernier,
Erdor vint, digne encor de ces races hautaines,
César des monts neigeux et des îles lointaines,
Qui nagent dans le ciel et les gouffres amers,
Erdor pour échiquier avait l'azur des mers;
Et les rois, noirs bergers, entre ses mains dociles,
Sentant son pied posé sur leurs nuques serviles,
Au gré de ses dix doigts pétrissaient l'univers,
Ce fut tout.
    Tous ces rois, fils de rois, durs et fiers,
De leur cimier tragique épouvantant l'histoire,
Resplendissent si haut dans l'aurore et la gloire,
Que leur crime à travers les siècles entrevus
A leurs fronts rayonnants fait une aube de plus.
Pourquoi?
    C'est qu'à travers l'âpre horreur des mêlées,
Les meurtres et les cris des vierges violées,
Le roi Wiking, fidèle au culte des aïeux,
Ne renia jamais le nom des anciens dieux.
A l'essieu de leur char Odin et ses prêtresses
Attachaient la Victoire avec leurs longues tresses
Et celle qui se plaît aux sublimes efforts
Des mâles se heurtent dans l'ombre avec les forts,

La blanche Walkyrie, amante des batailles,
Était là, du sang bleu sorti de leurs entrailles
Faisant pour les combats et les meurtres futurs
Renaître d'autres fils aux membres blancs et durs.
La splendeur d'une race est dans la foi gardée
Aux aïeux ; mais depuis que le dieu de Judée
A mêlé son sang chrême au sang bleu des Wikings
Dans Witlaw le maudit, honte et remords d'Hastings,
Les dieux ont détourné leur front de notre race.
O roi, voilà pourquoi les soirs à la terrasse
Du vieux palais, bâti par les vieux rois païens,
Tu viens pleurer dans l'ombre, et le dieu des chrétiens
Ne peut rendre, enfermé dans l'or de son ciboire,
Ni la vie aux mourants ni l'éclat à ta gloire!
Tu triomphais... Christus t'avait entre les forts
Sacré roi de la terre et tu bravais les morts,
Quand voilà que la mort, montant du passé sombre,
Prend ta fille à la gorge et la couche dans l'ombre.
Tes parjures, Witlaw, ont filé son linceul.
Or toi, père et vieillard, désormais triste et seul,
Moi l'esprit de ta race, envoyé pour maudire,
Par pitié je veux bien, vieillard, encor te dire
Un seul mot... ton salut.
                    Retourne aux anciens dieux,
Abandonne le Christ et son culte odieux ;
Comme autrefois Hastings, extermine ses prêtres
Et relève Irmenseul ; le courroux des ancêtres,

Prêt à s'appesantir, est sur ton front maudit.
Adore en moi leur gloire et Bertrade revit,
Adore et, remontant les degrés de l'histoire,
Tu fleuris dans ta race et renais dans la gloire. »
Et Witlaw, face à face englobant le démon,
Se signa lentement et lui répondit :
                              « Non,
Christus est Dieu, va-t'en ! »
                          Et la face accablée
Dans ses mains, le vieux roi pleura.
                          L'ombre étoilée
Palpitait sur sa tête et, quand il la leva,
La nuit des rois géants, le nain n'étaient plus là,
La lune blanchissait la terrasse isolée.
Seulement près de lui, calme et de blanc voilee,
Moins qu'une ombre, une forme au vague et pur profil
Se tenait appuyée à la rampe.
                          Au péril
Le roi fixa les yeux et reconnut Bertrade.
Or lui, qui la savait moribonde et malade
Dans un cloître éloigné, ne comprit pas d'abord
Comment, les bras en croix, sous ses longs cheveux d'or,
Bertrade avait quitté l'enclos du cloître austère
Et, traversant le mont et le val solitaire,
Se trouvait près de lui souriante et debout.

« La très sainte Marie et l'Esprit qui sait tout

Vers vous m'ont envoyée en hâte, mon doux père,
Dit-elle d'une voix si douce, que la terre
Frémissait, tant le ciel était dans cette voix,
« Car Jésus, qui voit l'ombre au fond du cœur des rois,
Sait pourquoi, chaque soir à la haute terrasse
Vous venez vous asseoir pensif. Non, votre race
N'est point morte avec vous, car vous avez dit : « Non »
Au Maudit, et Christus a vaincu le démon.
J'ai maintenant aussi mon excuse à vous faire.
Père, j'ai mérité votre auguste colère
Royale en refusant obstinément l'époux
Que vous me destiniez : j'ai vécu loin de vous
A l'heure où, s'affaissant lentement vers la tombe,
L'aigle royal avait besoin de la colombe.
J'ai fui, lâche, évitant le calice de fiel
Pour m'enfermer vivante et ravie en plein ciel,
Au cloître; et le fait est, mon père, que les filles
Ne sont pas ce qu'il faut aux anciennes familles :
La femme, esclave et proie, est la part de l'époux.
Mais un fils au regard ferme et clair, au poil roux,
Est le digne soutien qui sied aux nobles races.
La robe est pour la femme, aux hommes la cuirasse,
Aux rois le sceptre d'or, aux reines le fuseau.
— Le Seigneur m'a courbé, plié comme un roseau,
Pensait le roi Witlaw en écoutant Bertrade.
Comment aurais-je un fils! je suis vieux et malade.
Les nonnes ont tourné la tête à cette enfant. »

Et Bertrade sourit dans l'ombre en poursuivant :
« Un miracle est possible à tout âge, mon père,
Quand le Seigneur le veut. Une vierge fut mère,
Abraham eut d'Agar un fils à cent dix ans! »
Et lui haussant l'épaule : « Ou j'ai perdu le sens,
Murmurait le vieux sire, ou cette enfant est folle. »
Sans voir, le pauvre roi, qu'une chaude auréole
Sur le front de Bertrade errait, cercle de feu.

Posant alors sa main pâle entre les cheveux
Argentés du vieillard, elle dit à voix basse :
« Père, reportez-vous dans le nombre et l'espace
Au temps où votre barbe et vos cils étaient d'or.
Reportez-vous, mon père, aux falaises d'Arvor,
La journée où Witlaw emporta la victoire.
Les morts et les chevaux jonchent la grève noire
Et le champ de bataille, où lente vient la nuit,
Se tait; vainqueurs, vaincus, prisonniers, tout a fui.
Seul oublié dans l'ombre à travers la déroute,
Un traînard, un blessé s'agite sur la route.
Il tire par la bride un cheval et son sang.
— Je le vois, dit Witlaw, la blessure est au flanc
Droit ouverte.
     — Et son sang s'échappe goutte à goutte
De la plaie : il s'arrête et se penche, il écoute...
Pas un souffle; au lointain pas un appel de cor.
Partout la grève immense et déserte d'Arvor,

Seulement vers le Sud, sous le ciel bas et terne,
Comme auprès d'un écueil une louche lanterne
De corne, affreux signal des naufrageurs de nuit,
Au pied de la falaise un feu vacille et luit.
Le blessé, l'œil tendu sur la flamme incertaine,
Se traîne sur la grève... »
                            Et le roi sans haleine
Interrompit : « Je vois, c'est bâtie en galets,
Une cabane obscure, où sèchent des filets
De pêcheur... »
                 Et, d'un geste interrompant son père,
Bertrade dit : « Voyez au fond de la chaumière.

Un homme est étendu sur du varech, il dort.
Debout à son chevet, levant avec effort
Pour le voir respirer une lampe de cuivre,
Une femme est auprès, son œil pur est comme ivre
Et l'on voit dans la nuit palpiter son sein nu.
Elle admire, en sueur et pâle, l'inconnu.
Cette femme attentive est la femme de l'hôte.
Lui, l'époux, depuis l'aube est voguant sous la côte :
Car, au lieu de deux corps à nourrir, ils sont trois
Dans la hutte, où le serf héberge un fils de rois.
Mais quel souffle brutal a soufflé la lumière !
La femme avec un cri s'est jetée en arrière...
O honte, l'inconnu, l'homme ne dormait pas
Et, saisie, enlacée, étreinte entre ses bras,

La femme est là, qui tremble effrayée et farouche,
Près du guerrier assise au rebord de sa couche.
Effroyable baiser, double complicité
Où sont la foi jurée et l'hospitalité!..
Ce traître envers son hôte et cet homme adultère
Connaissez-vous son nom! »
       Et, fermant sa paupière
Pour retenir un pleur, Witlaw dit : « Je le sais.

— Dix-neuf ans sont passés, la cabane aux filets
Est toujours là debout sur la grève isolée.
Le guerrier est parti, la femme, elle, est restée
Avec son repentir ; la faute et le remord
Ont fleuri, le pécheur, homme probe, en est mort ;
Et l'enfant calme et rose a grandi, comme un rêve,
Renié par son père, adopté par la grève,
Rarement caressé par la mère aux yeux lourds,
Puis un soir de clémence, après bien des longs jours,
La mort est revenue heurter à l'humble porte,
Dans l'ombre, où l'attendait depuis quinze ans la morte.
Et l'enfant orphelin est resté seul, au soin
De la grève nourrice, allant de loin en loin
Voir, perdu comme lui dans l'âpre solitude,
Un vieux moine, un saint homme au cœur pur, au front
              [rude.
L'enfant auprès de lui sculpte des croix de bois,

Que le moine va vendre ; et le fils de nos rois
Vit de la charité d'un prêtre centenaire,
Du produit de ses doigts, ignoré de son père
Aujourd'hui sans enfant, comme il est, lui, sans pain. »

Et Witlaw, le front moite, ayant joint ses deux mains,
Se leva tout debout et dit : « Est-ce possible !
— Dieu juste prend le cœur des rois hautains pour cible.
Or, si grand est le nombre affreux de leur forfait
Que, courbé sous sa main, nul d'entre eux tous ne sait
Quel crime ineffacé de leur vie ils expient...
Tous tombent à genoux alors, tous ils s'écrient :
Mon cœur est innocent, qu'ai-je donc fait, Seigneur !
Witlaw a dérobé la femme du pêcheur,
David au brave Urie a volé Betsabée. »

Witlaw alors se tut, la tête encor courbée
Plus bas que tout à l'heure, atone, épouvanté,
Plus blême à cette voix pleine de vérité
Qu'à l'aspect monstrueux de l'esprit de sa race.

L'Aurore se levait sur la blanche terrasse,
Éclairant vaguement les rampes d'escaliers.
Witlaw alors, levant ses yeux humiliés,
Vit que Bertrade avait les lèvres violettes,
Et que ses pieds, serrés d'étroites bandelettes,

Comme dans l'air errants, ne touchaient pas le sol.
Elle semblait dormir immobile en son vol,
Comme une feuille d'or qu'un vent léger emporte,
Et lui comprit alors que sa fille était morte
Et s'écria : « Bertrade ! »... Elle avait disparu.

A cette heure un courrier entrait dans Aarhus
Annonçant que Bertrade, abbesse au mont Saint-Edme,
Avait passé la veille, et Witlaw le jour même
Se rendit à cheval aux falaises d'Avor,
Trouva l'enfant sculptant auprès du moine, au bord
Des flots et, sur son front ayant mis la couronne
De Sigur et d'Hastings, fit en langue saxonne
Aux Saxons, en danoise aux Norwégiens l'aveu
De sa faute, du rêve et, devant le ciel bleu
Ayant fait reconnaître à tous le roi de Finlande
Son fils Herber, mourut. Ainsi, dit la légende
Fut fondée en l'an mil et vingt après le Christ
(Gerbert a consigné le fait dans un écrit)
L'ère des rois chrétiens, Witlaw, Herber, Etienne,
Qui furent grands après ceux de l'ère païenne,
Commencée à Sigur et close au fils d'Erdor.

Que le ciel ait leur âme et le tombeau leurs corps.

LES ÉPHÈBES

A Gustave Flaubert.

Des siècles morts parfums étranges,
Des êtres sans sexe et sans nom,
Nus et pareils à des archanges,
Dansent autour des Panthéon.

Pétris de splendeur et de fange,
 Leur bouche, où tremblent des poisons,
De nos dédains rit et se venge
Avec des rires de démons.

Au frontispice des portiques
J'ai pris leurs profils impudiques
Et, couronnant de nénuphars

Leur beau front stupide et tragique,
J'ai sculpté dans un rythme antique
Leurs torses polis par les fards.

GANYMÈDE

Debout dans la splendeur des choses éternelles,
Le jeune Ganymède auprès de Jupiter
Préside, grave et doux, aux amours criminelles.
Leur mortelle ambroisie a pénétré sa chair;

Et sous ses noirs cheveux, pareils aux flots amers,
Son front étroit et bas et sa large prunelle
Ont la stupidité rêveuse et solennelle,
Propre aux êtres passifs aimés des dieux pervers.

Complice involontaire et résigné du crime,
Ganymède sourit aux monstres de l'abîme
De son beau rire bête, insolent et païen;

Puis, grave avec lenteur inclinant son amphore,
Il verse le nectar dans la coupe sonore
Et l'offre toute rouge au César Olympien.

ALEXIS

Seul au fond d'un bois sombre aux croulantes ramures,
Alexis, le beau pâtre aux fils des dieux pareil,
De la forêt bruyante écoute les murmures
Et sa flûte à sept trous, sous son pouce vermeil,

Les traduit aux échos en notes graves, pures.
Depuis seize ans qu'il court les grands bois au réveil,
Sa bouche épaisse a pris l'âpre saveur des mûres,
Et ses lourds cheveux roux l'or vivant du soleil.

Quoique mâle et robuste, il a la lèvre imberbe ;
Et le faune amoureux craint son regard superbe,
S'indignant au contact des regards étrangers,

Car Alexis est chaste en dépit des bergers,
Et, malgré leurs présents de fruits et de feuillage,
Garde encor son parfum de fleur vierge et sauvage.

NARCISSE

Auprès d'un clair ruisseau tout fleuri d'asphodèles,
Narcisse, le beau pâtre au front ceint de pavots,
Dont le nom fait rêver les jeunes immortelles,
Narcisse est là, couché, sans force et les yeux clos.

Son front blême et trop lourd pour son épaule grêle
Penche dans l'herbe haute et baigne dans les flots.
Un désir vide et fou brûle dans sa prunelle
Et sa lèvre béante épuise des sanglots.

« Je t'aime et tu me fuis... je t'aime, ô viens, Narcisse. »
Il dit. Une sueur inonde son front lisse,
Tout son beau corps s'allonge au travers des ruisseaux,

Sa chair vibre... et, le front sous les larges calices
Des iris d'eau, l'œil vague, épuisé de délices,
L'éphèbe inassouvi meurt au pied des roseaux.

HYLAS

Une amphore appuyée à son épaule ronde,
Hylas, calme et superbe au fond du bois obscur,
Incline en souriant son profil grave et pur
Sur les joncs de la source et puise au fil de l'onde.

Sous ses sourcils profonds nagent deux yeux d'azur
Et, sous les chauds rayons du couchant qui l'inonde,
L'aspect froid et neigeux de sa nudité blonde
S'anime et prend des tons savoureux de fruit mûr.

Sa toison d'or s'allume aux feux du crépuscule
Et ses bras nus, polis par les baisers d'Hercule,
Luisent comme deux lys au milieu des roseaux.

Lui rêve et, sans songer que l'eau de source est fée,
Il est ravi d'entendre une voix étouffée
Lui rire et l'appeler dans la clarté des eaux.

IACCHUS

Iacchus, de dieu l'ivresse éclatante et dorée,
A la lèvre ironique et le nez droit et court.
Des raisins blancs trop mûrs il a la peau nacrée
Et sa paupière est brune et son regard est lourd.

Sur un char attelé de panthères tigrées
Le jeune Iacchus triomphe au fond des grands bois sourds.
Sa nudité se plaît dans les gorges sacrées,
Où l'hyène en chaleur rôde à pas de velours.

Iacchus a des troupeaux de courtisanes nues,
Qui dansent la pyrrhique au-devant de ses chars.
Iacchus a des troupeaux de fauves léopards

Qui vont, râlant de rage et d'amour sous les nues ;
Car Iacchus, dieu propice aux amours méconnues,
Rit à tous les instincts dans la nature épars.

BATHYLE

Au fond d'un bouge obscur, où boivent des marins,
Bathyle, le beau Thrace aux bras sveltes et pâles,
Danse au bruit de la flûte et des gais tambourins.
Ses pieds fins et nerveux font claquer sur les dalles

Leurs talons teints de pourpre, où sonnent des crotales,
Et, tandis qu'il effeuille en fuyant brins à brins
Des roses, comme un lys entr'ouvrant ses pétales,
Sa tunique s'écarte aux rondeurs de ses reins.

Sa tunique s'écarte et la blancheur sereine
De son ventre apparaît sous sa toison d'ébène.
Bathyle alors s'arrête et, d'un œil inhumain

Fixant les matelots rouges de convoitise,
Il partage à chacun son bouquet de cythise
Et tend à leurs baisers la paume de sa main,

ATHYS

Athys, rêveur et las sous sa tunique peinte
D'astres d'or, erre auprès des larges nénuphars.
Il a fui son temple, et ses pas aux hasards
Vont froissant aux roseaux sa robe d'hyacinthe.

Ses cheveux noirs et gras sont nattés avec art,
Des serpents familiers de leur humide étreinte
Caressent ses bras nus lavés de térébinthe
Et son torse olivâtre est bruni par le fard.

Debout devant la source, il ouvre sa tunique,
S'embrasse du regard et d'un geste cynique
Insultant, plein d'horreur, à sa virilité :

« Que n'ai-je tes blancheurs de neige et de troënes,
« O femme, et tes seins ronds, comme deux coupes
« Au lieu de cette infâme et plate nudité ! » [pleines,

ANTINOUS

Les flots glacés du Nil ont gardé ta mémoire,
Éphèbe, et sous ton front ombragé de lotus
Ton corps, pétri de fange et d'immortelle gloire,
Fait rêver dans la nuit tes frères inconnus.

Rome a durant vingt ans adoré tes pieds nus,
Les larmes des Césars en ont poli l'ivoire
Et, debout sur le seuil des siècles méconnus,
Tu souris à travers les mépris de l'histoire.

Tes beaux pieds transparents surchargés d'anneaux d'or,
Qu'Adrien tout en pleurs entre ses mains avares
Déjà raidis et froids, serrait, baisait encor,

Triomphent de nouveau sous des étoffes rares
Et font revivre, hélas! mille ans après ta mort,
L'ère auguste des dieux et des amours bizarres.

ENNOIA

Chilpéric, roi des Francs de Metz et de Neustrie,
Un soir qu'avec les siens, chargés d'orfèvrerie
Et de ciboires d'or étincelants d'émaux,
Il revenait au pas triste et las des chevaux
De piller au lointain quelque riche abbaye,
Aperçut au rebord de la route accroupie,
Les pieds nus et la face appuyée aux genoux,
Lasse et blême, une femme aux fauves cheveux roux
Qui dormait. Auprès d'elle un vieillard au front chauve
Était debout veillant... Et sur sa toison fauve
Le ciel bleu rayonnait implacablement pur ;
Car on était en juin, au mois d'or et d'azur
Et les épis brûlaient dans la chaleur intense.

La femme était si pâle à voir et son silence
Si noir, que Chilpéric, appuyant sur le mors
De sa jument, fit halte et, devant tous ces ors
Ébloui, regarda la femme et lui fit signe
D'approcher ; et les grands, l'air imposant et digne,

Se taisaient.
             Mais la femme, immobile et les yeux
Voilés entre ses doigts et ses fauves cheveux
Qui pendaient, sans entendre et voir restait assise
Sur le talus... Alors, levant sa face grise
Et triste sur le roi, déjà devenu blanc
De courroux, le vieillard, un maigre au cou branlant
Lui dit : « Elle est aveugle et n'entend pas ; son âme
L'a quittée » et le roi vit alors une flamme
Bizarre, qui dansait sous sa robe en lambeaux
Hors d'un grand vase en bronze.. Ainsi que des
S'élève un feu follet, nocturne effroi du pâtre, [tombeaux
La flamme sur cette urne errait fine et bleuâtre,
Très pâle ; et Chilpéric et ses gens avaient peur.

Il eût voulu partir, mais béant de stupeur,
Il restait pour savoir le nom de cette fille
Si blême.
          Haussant le vase et le feu qui vacille,
L'homme la fit lever alors et l'amena
Sous les yeux du roi franc et, lui l'examina.
Son visage amaigri d'une douceur étrange
Était comme mordu par places : gris de fange,
Ses bras d'un blanc neigeux sous la trace des coups
Étaient nus, ses cheveux s'accrochaient dans les trous
De sa robe et, malgré son aveugle prunelle,
Sans flamme, elle était là si grave et solennelle

Que le roi, soulevé sur sa selle, étouffant,
Eût voulu l'avoir là toujours.
                            « C'est une enfant
Que j'ai prise avec moi, sire, étant sans famille,
Elle me suit partout depuis, la pauvre fille !
Elle et moi nous errons ensemble désormais.
— Alors elle est aveugle et ne parle jamais !
Interrompit le roi tout entier à son rêve.
— Jamais,... non. Quelquefois un an entier s'achève.
Elle demeure ainsi sans manger et sans voix,
Puis elle se réveille et, durant tout un mois,
Elle débite alors des choses merveilleuses
Et le peuple la suit par les routes poudreuses. »
Et Chilpéric avide et le regard ardent
Lui dit : « Fais-la parler, » et l'homme en grommelant
Reprit : « Parle, Ennoïa, raconte-nous tes rêves. »

Alors d'une voix lente et, comme au bord des grèves
On en entend la nuit gémir, elle parla.
O prodige, on eût dit qu'elle n'était pas là,
Tant cette voix dolente était faible et lointaine,
C'était comme un écho d'une douleur humaine
Et des maux endurés dans des temps très anciens ;
Et le roi Chilpéric entre ses Neustriens,
En l'entendant parler, croyait revivre en songe.
L'enfant dit : « Cher Eden, ô terre du mensonge,
L'arbre est là monstrueux, énorme avec ses fruits

Merveilleux, dont l'éclat inonde dans les nuits
Les tigres et les loups couchés dans ses racines.
Dans les rameaux légers vont les âmes divines,
Voltigeant et rayant l'azur de leur essor;
Et moi, les yeux ravis, j'écoute la voix d'or
De l'archange invisible et doux qui me conseille.
Son étrange harmonie enivre mon oreille; ₍sourds
Et, dans l'ombre odorante, au fond des grands bois
Je bois, le cœur trop plein, palpitante d'amours
Sa parole adorable et forte...

      — « Mais c'est Eve! »
S'écria le roi franc. « Ne troublez pas son rêve
Ou l'esprit se taira, » dit l'homme avec deux doigts
Sur sa bouche, et l'enfant de sa dolente voix
Reprit :

  « La voile au vent se bombait, la galère
Fendait l'écume et moi, craignant de lui déplaire,
J'écoutais souriante et les yeux dans ses yeux.
« Qu'importe si je perds l'âpre faveur des dieux,
Qu'importe si je trouble à jamais ma patrie, »
Disait-il, « et ma ville et l'Hellade fleurie!
Toi, tu m'appartiendras dans ma belle maison.
Qu'elle était douce, ami, sous sa riche toison
De panthères d'Asie et d'Égypte, la chambre,
Haute de ton palais... Les bras frais, sentant l'ambre,
Il venait se coucher doucement à mes pieds
Sur les tapis velus, et là des jours entiers,

21

Loin des champs de bataille et des cris des victoires,
Caressant mes cheveux, il contait des histoires ;
Et le soir nous montions ensemble sur les tours.
Là, le long des créneaux, tous deux pâles d'amour,
Nous regardions au loin s'éclairer dans la brume
Les deux camps, les signaux et les feux qu'on allume,
Ulysse avec les chefs assemblés en dehors
De leurs tentes, ou bien Achille au casque d'or,
Qui conduisait un char armé le long des sables. »
Et le roi franc songeait qu'un soir autour des tables
Deux poètes latins, chanteurs musiciens,
Étaient venus rôder, disant des vers anciens,
Dont le texte parlait vaguement de ces choses,
Même entre les drageoirs pleins de songe et de roses.
Les leudes en riant les avaient fait asseoir
Et manger jusqu'à l'aube.
      « Ils m'ont frottée un soir,
D'onguents, murmura-t-elle, et puis ils m'ont vendue
Pour amuser le peuple... alors je fus perdue
A jamais, et chacun me prit dans le chemin.
Une nuit que, debout, je faisais, cistre en main,
Danser des matelots au fond d'une taverne,
Une averse éclata sur le toit, la lanterne
Du bouge s'éteignit, et moi parmi les coups,
Les jurons et les cris de tous ces hommes souls,
Je pleurais, quand un homme entra dans la mêlée
Et me prit par la main.

L OMBRE D'OR

— C'est moi, je l'ai trouvée
Buvant avec la lie et l'écume des ports,
Et l'ai prise avec moi, dit l'homme. Depuis lors
Elle me suit, pauvre être arraché de l'abîme.
Tour à tour adultère, innocente et victime,
Elle fut Ennoïa, Barbelo, Prounikos.
Elle est de tous les temps ; l'ancien dieu grec Eros,
L'Astarté de Sidon, parfois l'étreint encore.
Hélène au temps de Troie, Homère et Stésichore
Ont maudit sa mémoire et le héros païen
L'avait pour concubine... à Rome, un plébéien,
Qui l'aimait, l'égorgea vivante, échevelée ;
Et les rois sous Tarquin l'ont prise et violée
Dans le corps de Lucrèce... Elle fut Dalila
Qui coupait les cheveux de Samson... Attila
Fut par elle égorgé dans la chambre de noces.
Sous les tentes de cuir où veillent les molosses
Son ombre avec Judith errait dans Israël,
Et bien des cous tranchés ont sur son bras cruel
Saigné.
    Fausse, idolâtre, à tous prostituée,
Elle a traîné partout, de joie exténuée,
Chanté dans chaque bouge, au coin de tous les bourgs,
Baisé tous les passants, usé tous les amours.
Les voleurs ont connu sa grâce charmeresse.
A Sidon, en Syrie, elle était leur maîtresse
Et buvait avec eux l'âpre gain de sa nuit.

Le jour, elle cachait un prêtre dans son lit,
Dans son lit tiède encor des passants de la veille.
Alors moi, la voyant toujours grasse et vermeille,
Moi, je l'ai rachetée à prix d'or aux voleurs
Et si bien rétablie et mise en ses splendeurs,
Que les beaux jeunes gens et les vieillards avares,
Dont les bras sont serrés au poignet d'anneaux rares,
Quand nous passions ensemble auprès de leur logis,
Me suivaient par la ville avec des yeux rougis
Et de l'or plein les mains.
      Néron fut épris d'elle
Et la fit mettre à mort, il la trouvait trop belle
Et craignait de l'aimer. Caüs Caligula.
La fit empoisonner; Titus, lui, l'exila,
Et le peuple affolé la prenait pour la lune,
Tant son front était pâle.
      Et c'est là ma fortune,
Je l'emmène avec moi chez les grands, les puissants,
Et les crimes de fange et les crimes de sang,
Toutes les trahisons d'un passé de folie
Débordent sur le trône et la pourpre avilie,
Et c'est là mon triomphe et tout ce que je veux,
Tout dissoudre. »
     Et le Franc troublé par ces aveux
Sentait poindre et monter, comme un feu dans son âme,
Le désir fou d'avoir à son tour cette femme.
Ce corps livide et blême entrevu par les trous

De sa robe, ces bras mordus et bleus de coups,
Ces yeux blancs l'attiraient : désir infâme, étrange
De se vautrer enfin tout un jour dans la fange,
De toucher cette boue et de goûter ce fiel.
Or, ayant fait remettre au vieillard solennel
Ses anneaux d'or massif et sa bourse pesante,
Le roi, la gorge sèche et l'oreille luisante,
Lui fit dire à voix basse : « Amène-la ce soir
Au palais. Un valet viendra la recevoir
Au seuil. » Et les chevaux, qui mangeaient en silence,
Ayant repris leurs pas de rêve et d'indolence,
Le cortège harassé du roi franc disparut
Par le sentier des blés.

      Vers le soir, ayant bu
Trois cruches d'hydromel et deux de vin du Rhône,
Le roi franc fit venir Hildebert près du trône
Et lui transmit un ordre aimable assurément,
Car le valet sourit dans l'ombre.

        A ce moment
Un homme conduisant une femme très pâle,
Ayant heurté trois fois du plat de sa sandale
Sur le seuil en dehors, la porte aux clous de fer
Céda sans bruit, et l'homme avec un rire amer
Ayant poussé la femme en avant dans la salle,
La serve Frédégonde entra, sinistre et pâle,
Dans la chambre à coucher des rois Mérowingiens :
Et la guerre, la haine entre les rois chrétiens

21.

Égorgés, le poison, le meurtre, l'adultère
Entrèrent avec elle, et sous la voûte austère
Frédégonde, attentive aux pas du roi des Francs,
Écoutait, les bras nus croisés sur ses seins blancs,
Se presser et monter du lointain encor sombre
Les désastres futurs et les crimes sans nombre,
Tous maux nés de la femme et laissés aux neveux
Par l'aïeul; et la joie éclatait dans ses yeux.

LES DIEUX

Pour Paul de Saint-Victor.

Dans les parfums, dans l'ambroisie,
Le front ceint d'éblouissements,
Les jeunes dieux fils de l'Asie
Apparaissent fiers et charmants.

Cruels, ils ont la fantaisie
Du meurtre et de l'écrasement.
La puissance a sa frénésie,
Dont le crime est l'apaisement.

Accoudés aux trônes d'érables
Et d'or, où sourit leur fierté,
Ils ont aux cris des misérables
Des longs soupirs de volupté.

Qu'importe aux dieux les agonies,
Les cris d'un monde révolté
Et les penseurs aux gémonies !
Ils sont la Force et la Beauté.

La force, éternelle injustice
Qui fait râler l'homme à genoux,
La force effrayante et complice,
Est dans leur front stupide et doux,

Et sous les astres qu'elle embrase,
Leur éclatante nudité
Est le rêve d'or et l'extase
Du monde et de l'éternité.

EROS

Debout dans la clarté fulgurante des cimes,
Le fier chasseur Eros, le meurtrier des cœurs,
Resplendit, flamme pure, au-dessus des abîmes
Et lance autour de lui ses traits sûrs et vainqueurs.

Le trait sonne à travers l'immensité sublime
Et, sous l'éclat du Ciel implacable et moqueur,
Une goutte de sang, rouge étoile du crime,
Tombe aux pieds nus d'Eros, large comme une fleur.

L'archer cruel sourit. Avec lenteur, farouche,
Il retend son grand arc et les coins de sa bouche
S'ouvrent pleins de mépris. La flèche siffle encor

Et le soleil se couche et l'aurore immortelle
Se lève, Eros est là dans la gloire éternelle,
Sous les gouttes de sang, parmi les flèches d'or.

SÉLENE

Debout dans la splendeur des blanches nuits d'hiver,
La blonde Sélené sans tuniques et sans voiles
Préside au chœur nocturne et rêveur des étoiles
Menant la danse ailée au fond du ciel ouvert.

Un fin croissant d'argent dans ses cheveux d'or clair,
Elle agite en riant entre ses bras d'opales
Un grand arc en ébène ; et les nuits sidérales,
Sont les reflets tremblants et nacrés de sa chair.

Les traits de son carquois sont les rayons lunaires,
Pères des visions, des fables légendaires
Qui dansent dans la brume en se donnant la main

Et, debout dans la nue, elle sourit en rêve
Au pâtre sur les monts, au pêcheur sur la grève.
Et blanchit doucement les arbres du chemin.

ZEUS

Le front ceint de rayons et les paupières closes,
Zeus implacable au faible et propice aux puissants
Préside à l'harmonie éternelle des choses,
Assis dans la clarté des cieux retentissants.

Grave, il prévoit l'effet et reconnaît la cause,
Penché sur l'avenir des âges renaissants,
Où son ombre, selon son caprice morose,
Met une splendeur d'astre ou des rougeurs de sang.

A ses pieds des sanglots, des râles, des huées
S'exhalent, arrivant à travers les nuées
Doux comme des baisers donnés entre des fleurs ;

Et tout l'Olympe écoute au loin vibrer et rire,
Avec des sons de harpe et des langueurs de lyre,
La haine du vieux monde et ses vieilles douleurs.

KYTHERE

Droite et foulant aux pieds des croupes de dauphins,
Kytheré, fille amère en trahisons féconde,
Secoue en perles d'or et de sang sur le monde
Sa toison d'astre en feu qu'elle étreint à deux mains;

Et de sa nuque fauve à ses aisselles blondes
Ses cheveux roux, tordus entre ses doigts divins,
Coulent en ruisseaux d'or sur ses hanches profondes,
Allumant des clartés aux pointes de ses seins.

Debout dans la splendeur de ses cheveux d'aurore,
La fille amère rit et son rire sonore
De rut et de folie embrase l'univers;

Et tandis qu'elle rit, montrant ses dents de nacre,
Des soudaines rougeurs de meurtre et de massacre
Montent, comme une flamme, au fond de ses yeux verts.

HÉLIOS

Au-dessus des chevaux cabrés de son quadrige
D'or vermeil, au-dessus des sommets radieux
Hélios avec l'Aurore apparaît dans les cieux
Dans la gloire effrayante et pâle d'un prodige.

Avec deux profondeurs sublimes dans les yeux,
Il traverse l'azur, où sa toison voltige,
Tenant la grande lyre où dort l'oiseau Vertige
Entre ses beaux bras nus de poète des dieux.

Le dieu chante et sourit. Un souffle de tempête
Le soulève..., un grand vol d'aigles noirs sur sa tête
Tourbillonne, emporté dans ses fauves accords ;

Et, dans l'ombre à ses pieds, la foule extasiée
Des songeurs éblouis, la face incendiée,
Râle et meurt longuement, criblée de ses traits d'or.

TABLE DES MATIÈRES

TABLE DES MATIÈRES

L'OMBRE ARDENTE

			Pages.
I	La Chimère	sonnet	3
II	Le jeune homme et la mort.	—	4
III	Soleil éteint	—	5
IV	L'Enfant noir	—	6
V	Angelica	—	7
VI	Sporus	—	8
VII	Résurrection		9
VIII	Récurrence	sonnet	12
IX	Devant un Cranach	—	13
X	Devant un Franz Hals	—	14
XI	Devant un Jacquemin	—	15
XII	Aveu	—	16
XIII	Relent d'amour		17
XIV	O source d'angoisse éternelle		19
XV	Frédégonde	sonnet	22
XVI	Hérodias	—	23
XVII	Kimdry	—	24
XVIII	La coupe		25
XIX	Les errants		27
XX	Le lys noir		30
XXI	Visionnaire		33
XXII	La tombe joyeuse		36
XXIII	Des silons	sonnet	38
XXIV	L'encensoir	—	39
XXV	La Madone	—	40
XXVI	Ils ont dit en voyant ma tombe		41
XXVII	Jours de fête : I		43
	II		44
	III		45

XXVIII	Sur un portrait : I........ sonnet		47
	II......... —		48
	III......... —		49
	IV......... —		50
	V......... —		51
XXIX	Elévation.................................		52
XXX	La nuit............... sonnet		55
XXXI	Narcissus............... —		56
XXXII	Lilithe............... —		57
XXXIII	L'Hespéride............... —		58
XXXIV	Sapho............... —		59
XXXV	La Destinée............... —		60

L'OMBRE BLEUE

Le Pays des Fées.

Le Pays des Fées......... sonnet		65
Diane............... —		66
Hérodiade............... —		67
Dame Habonde............... —		68
Viviane............... —		69
Tiphaine............... —		70
Oriane............... —		71
Mélusine............... —		72
Morgane............... —		73

L'ombre bleue.

I	Clair de lune...........................	74
II	Les neiges.............................	78

III	Les elfes..	84
IV	Les zingaris............... sonnet	87
V	La Belle au Bois qu'a réveillée................	88
VI	Une Belle est dans la forêt.....................	89
VII	Le château léthargique..........................	92
VIII	Printemps mystique........ sonnet	94
IX	Le beau pirate.....................................	95
X	L'âme antique.....................................	97
XI	Soirs de jadis : I..................................	103
	II...................................	106
	III..................................	108
XII	Brocéliande, poème.............................	109
XIII	Le Faune...	124
XIV	Jeune aujourd'hui................................	135
XV	Les petits elfes...................................	138
XVI	Printemps classique........ sonnet	140
XVII	La petite Ilse......................................	141
XVIII	La Marjolaine.....................................	142
XIX	Pauvres petites Ophélie.........................	146
XX	Bohème idylle............... sonnet	147
XXI	Nénuphars	148
XXII	Hymne du soir....................................	150
XXIII	Le cygne...	154

Lunaires

Six lunatiques et sept lunaires....................	156
I...	157
II..	158
III...	159
IV...	160
V..	161
VI...	162

VII... 163
VIII.. 164
IX.. 165
X... 166
XI.. 167
XII... 168
XIII.. 169

L'OMBRE GLAUQUE

Les Héros. — Hercule au lac Stymphale. 173
Madrépores. — Sapho morte...................... 175
      Galatée. 177
      Les Sirènes..................... 178
      Urgèle.......................... 180
      Le pays des nixes............... 181
Les Héros. — Hercule et l'Hydre................ 182

L'OMBRE D'OR

I Les Héroïnes............................... 187
    Enilde....... sonnet 190
    Elaine.......   —   191
    Viviane......   —   192
    Mélusine..... —   193
    Yseulte...... —   194
II Loreley................ poème........... 195
III Les captives............................. 208

	Βρισεῦσ.....	sonnet	210
	Ανδρομῆδη...	—	211
	Ανδρομαχη...	—	212
	Εννοια......	—	213
	Κασσανδρα...	—	214
	Κρεσσιδα....	—	215
IV	La douleur du roi Witlaw, poème...........		216
V	Les Ephèbes.................................		229
	Ganymède... sonnet		230
	Alexis......	—	231
	Narcisse....	—	232
	Hylas.......	—	233
	Iacchus....	—	234
	Bathyle.....	—	235
	Athys.......	—	236
	Antinoüs....	—	237
VI	Ennoïa, poème...............		238
VII	Les dieux....................		247
	Eros.........	sonnet	249
	Séléné.......	—	250
	Zeus.........	—	251
	Kythéré......	—	252
	Hélios.......	—	253

Sceaux. — Imp. Charaire et Cie.